Animali
Super Fun
Libri per bambini

Young Scholar

Young Scholar
An imprint of Ciparum LLC

Animali Super Fun Libri per bambini
© 2017 Ciparum LLC
All rights reserved.
ISBN-10:1-63589-296-1
ISBN-13:978-1-63589-296-3

www.youngscholar.co

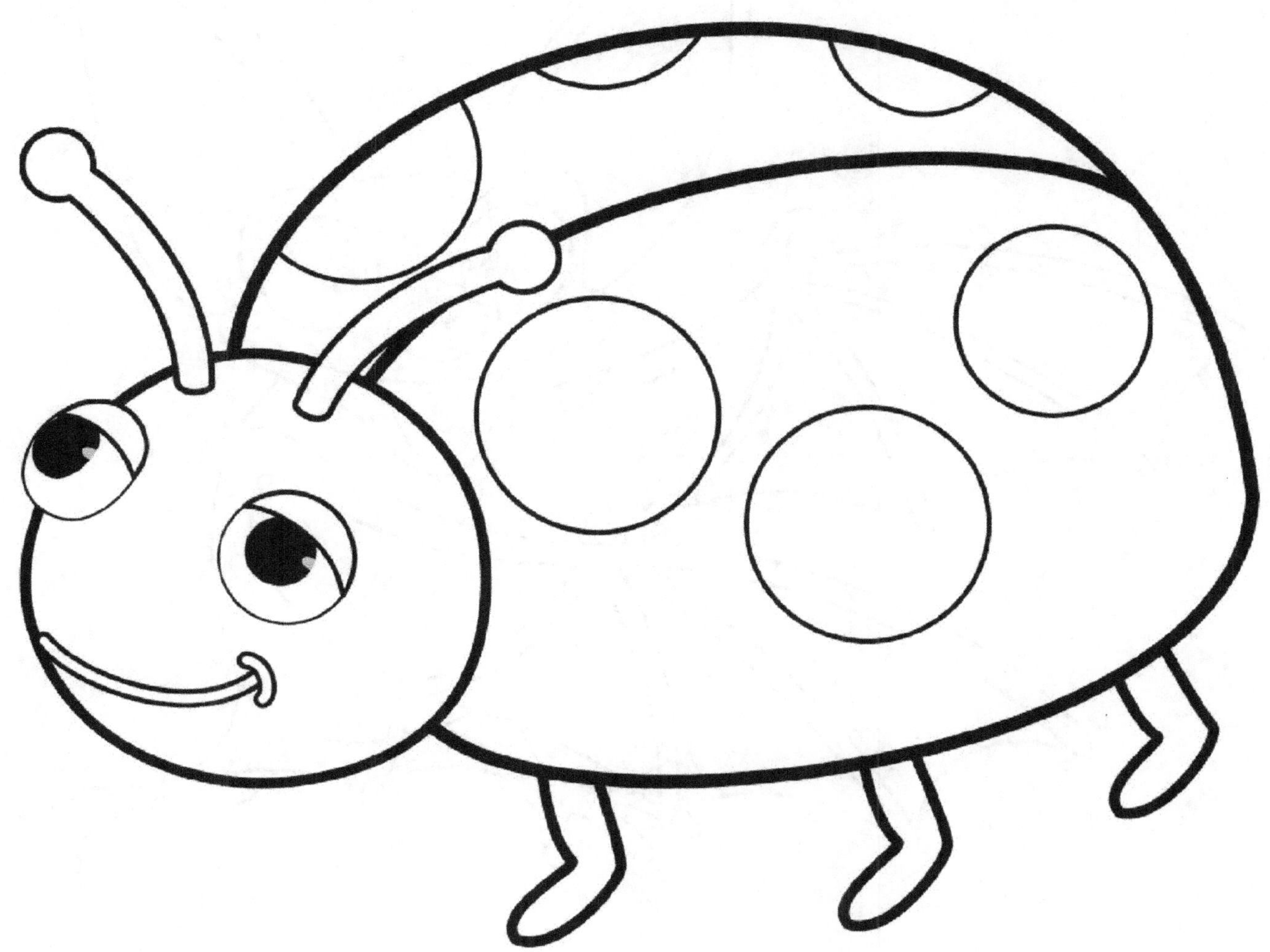

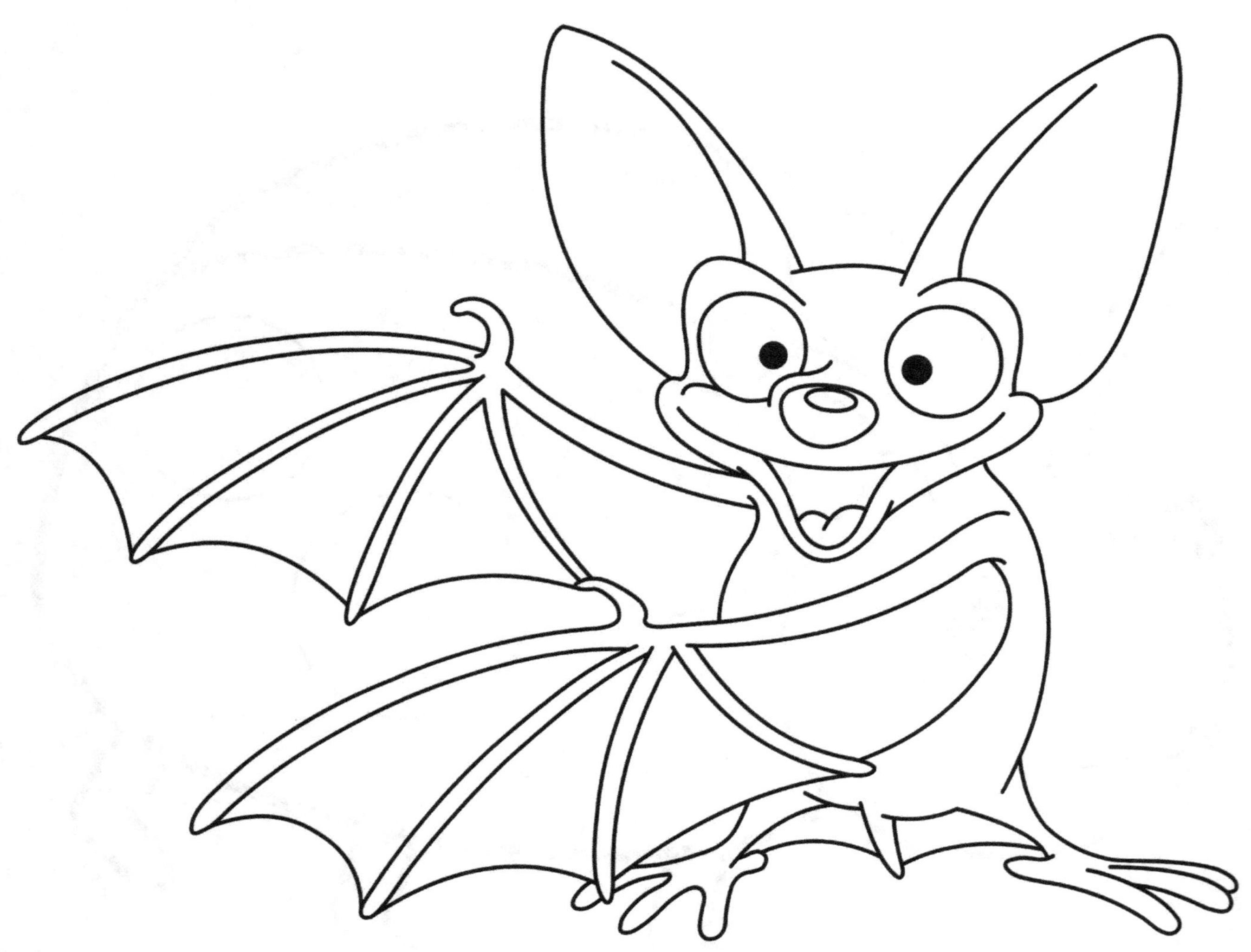

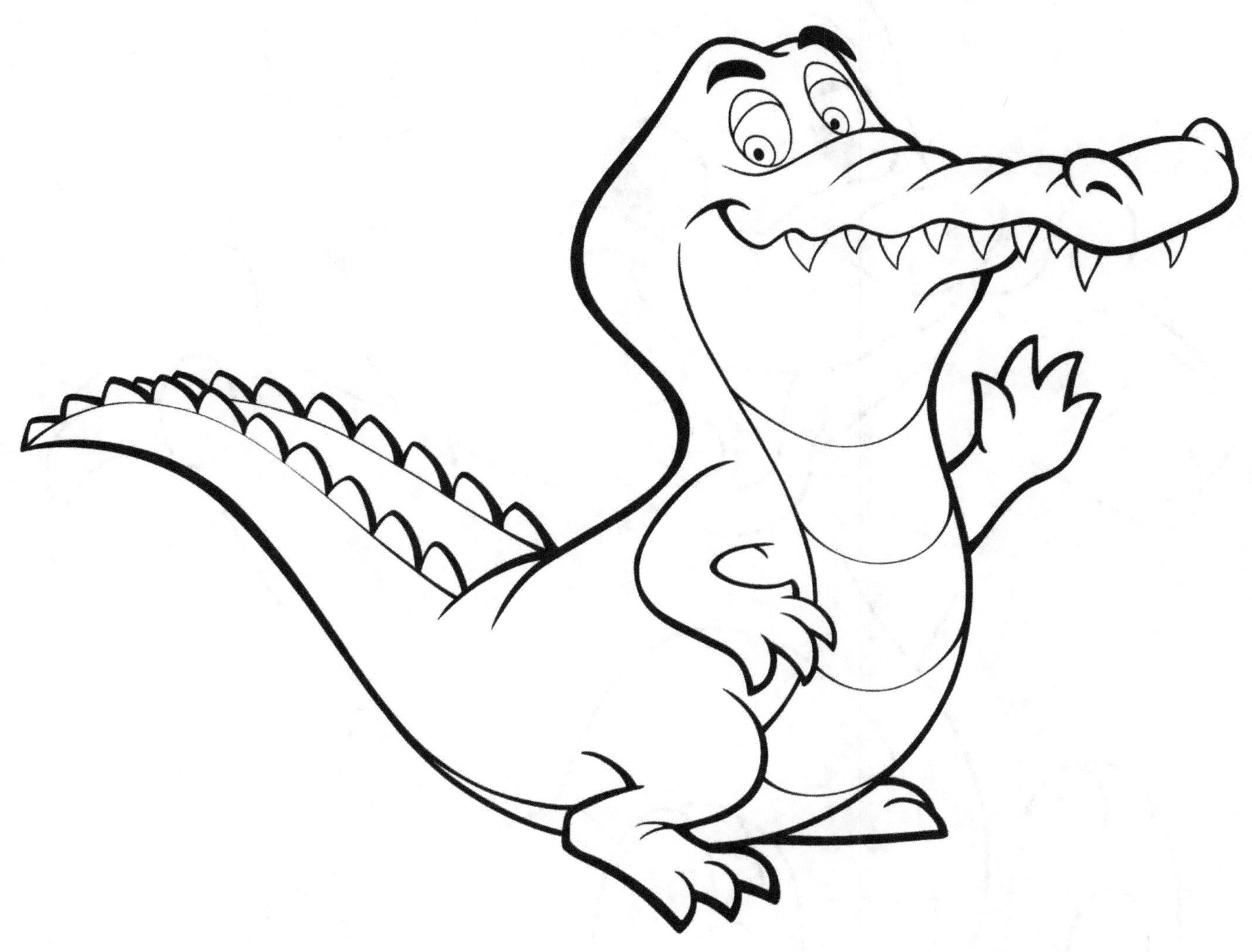

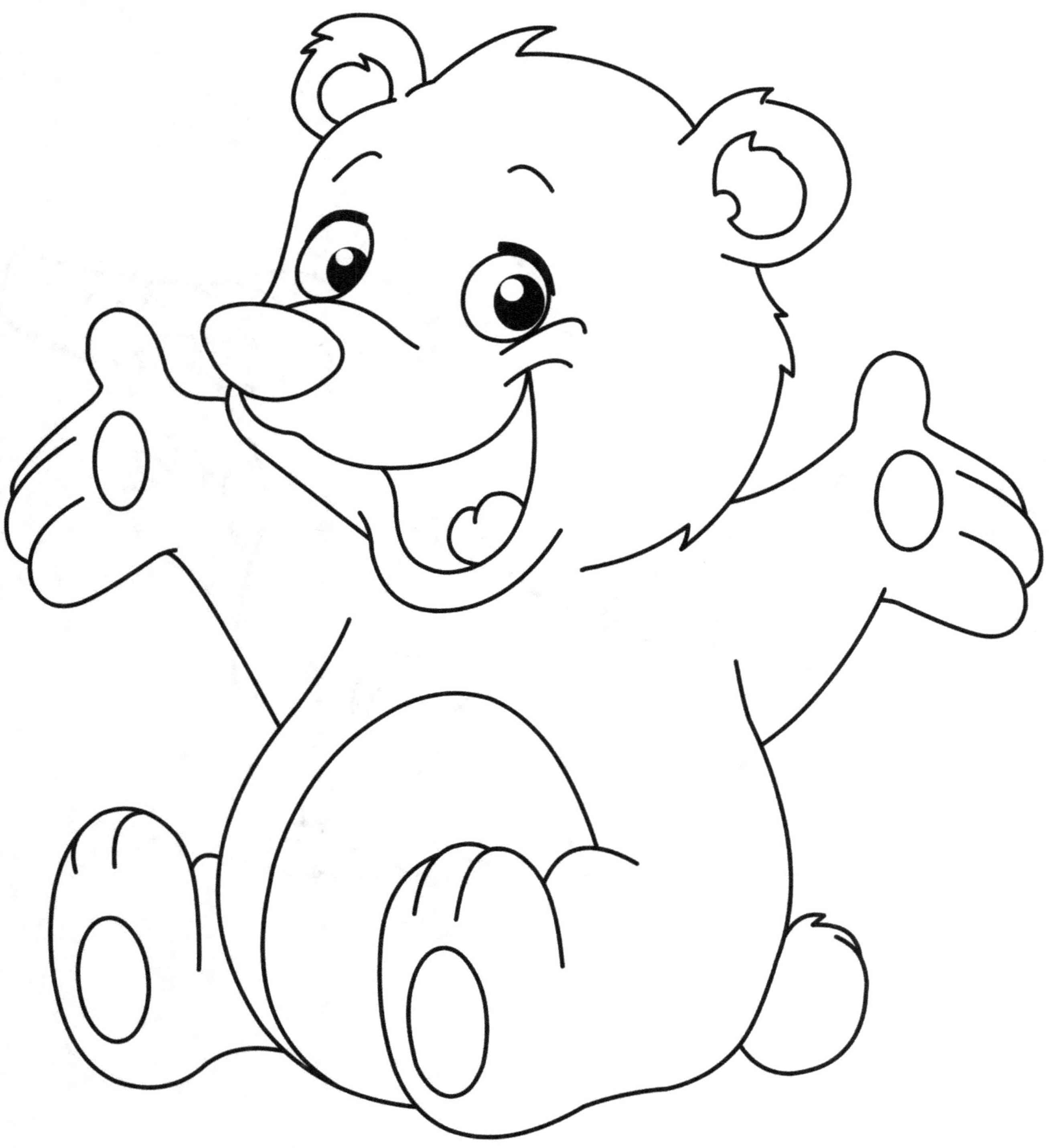

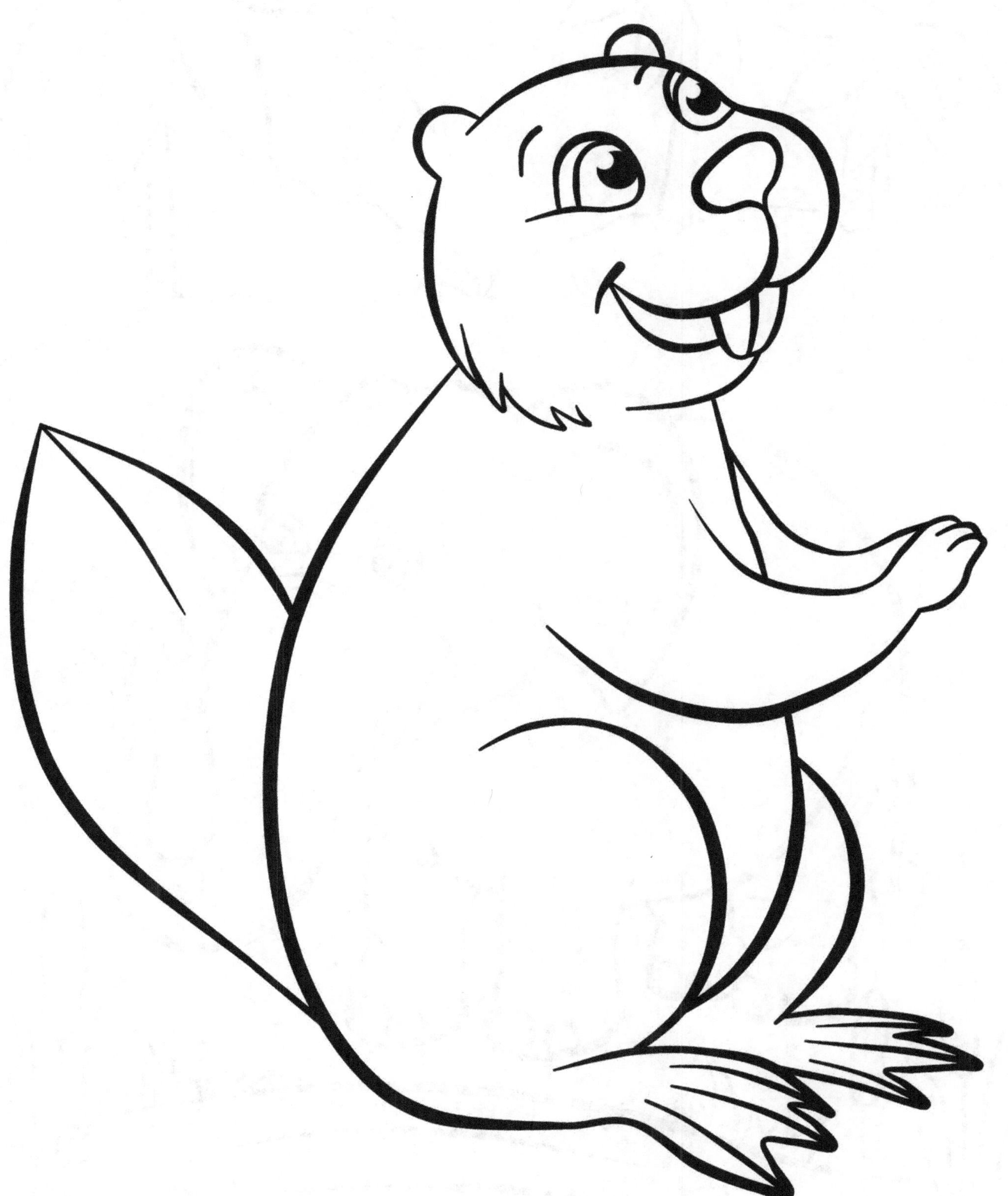

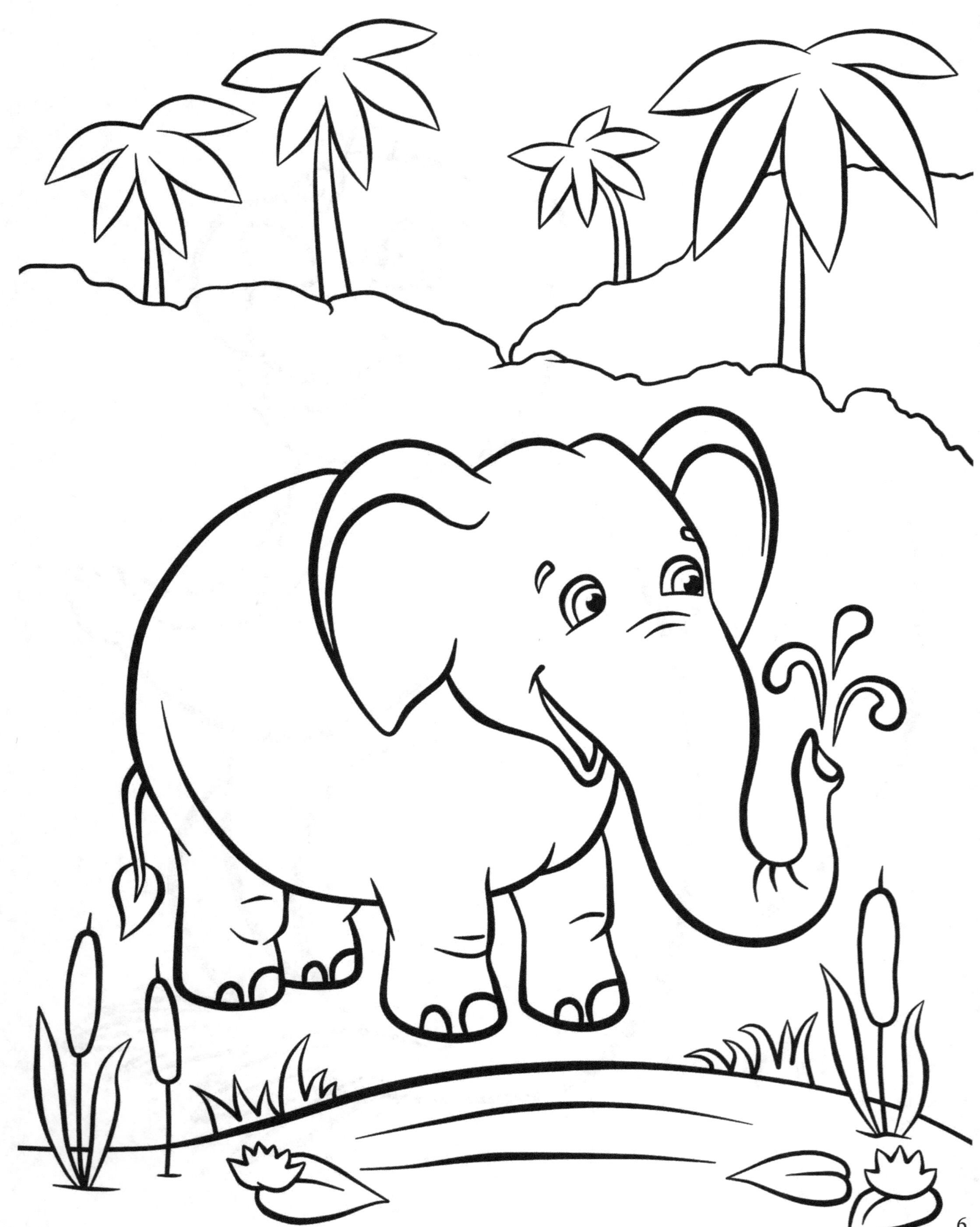

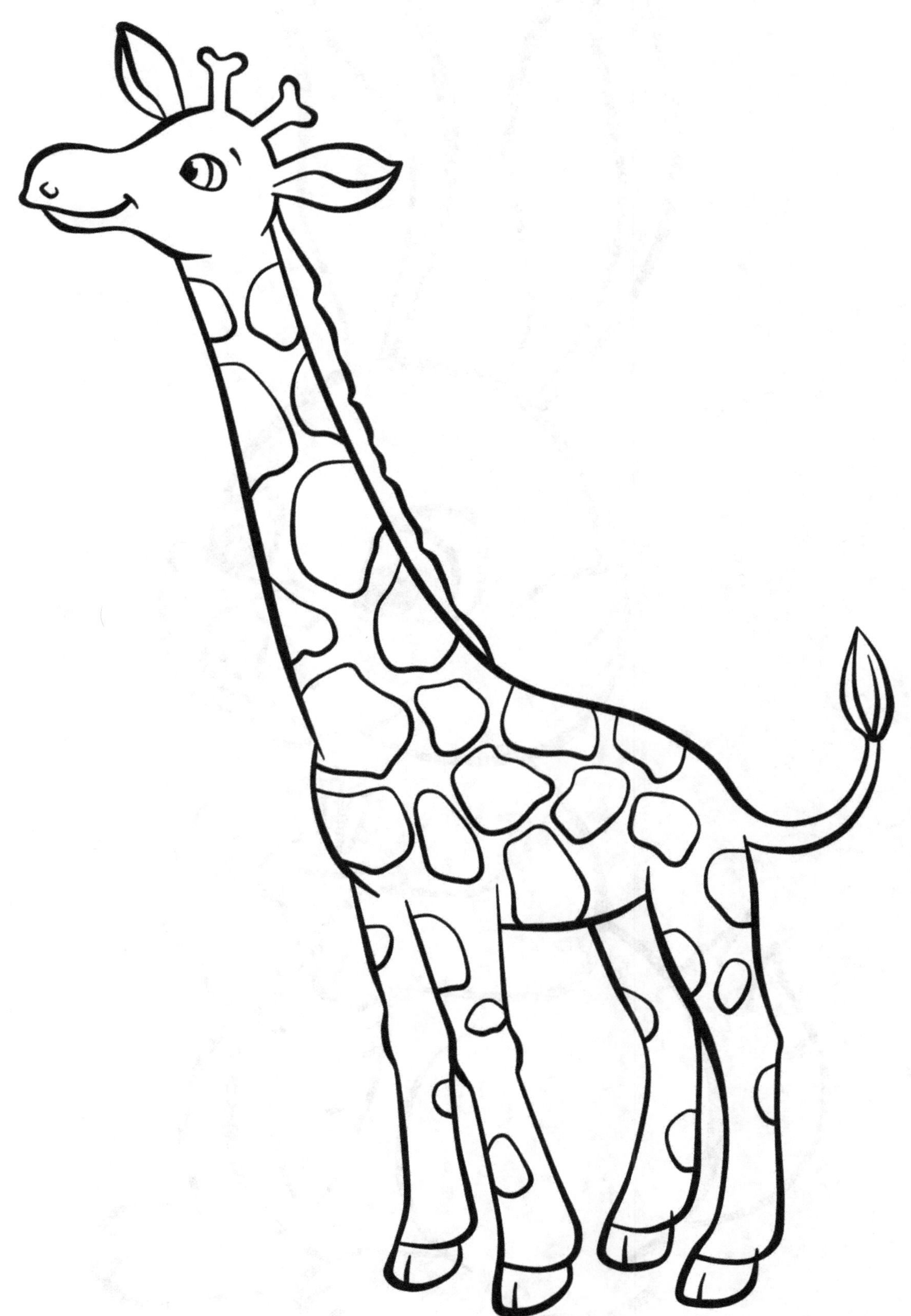

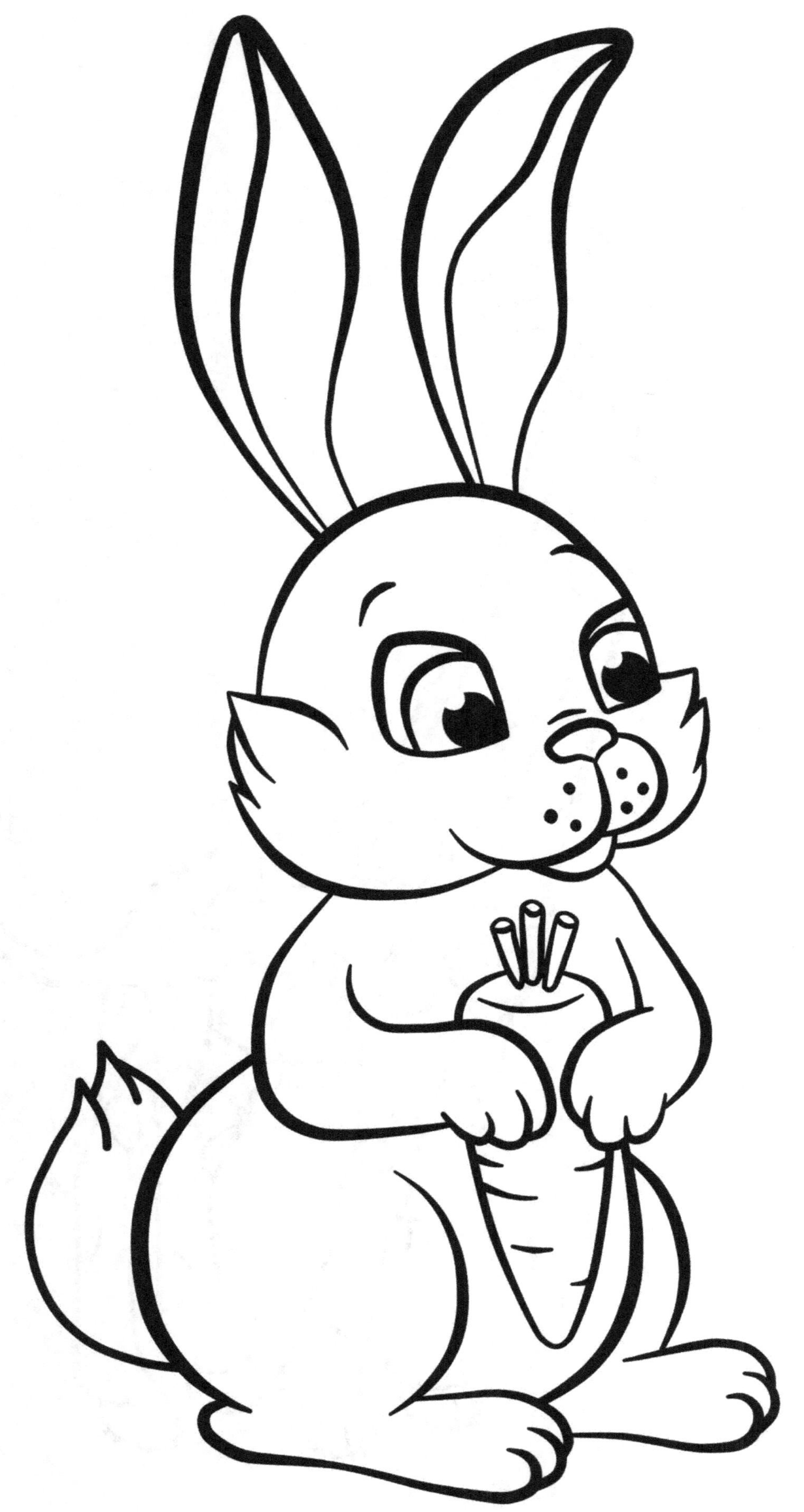

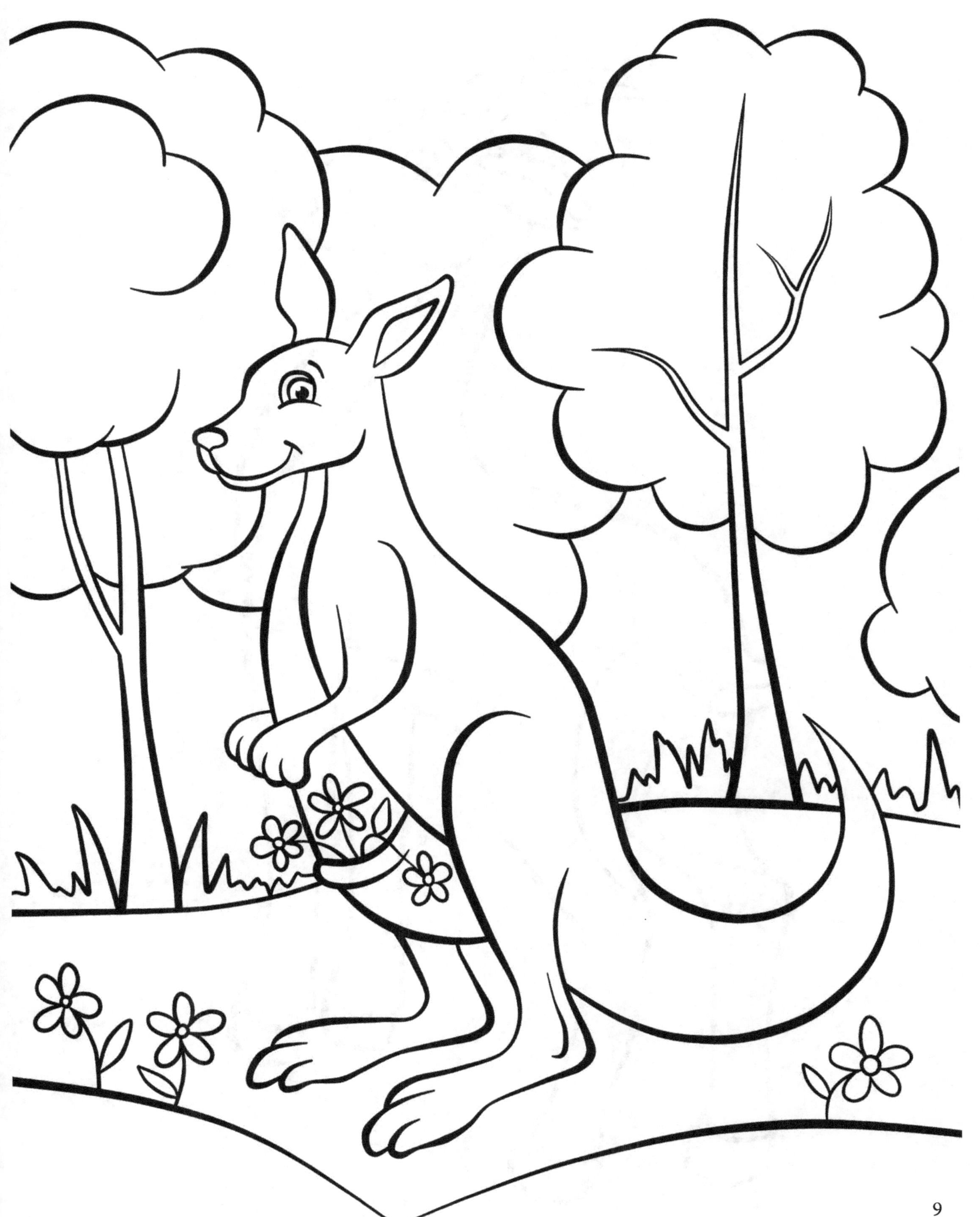

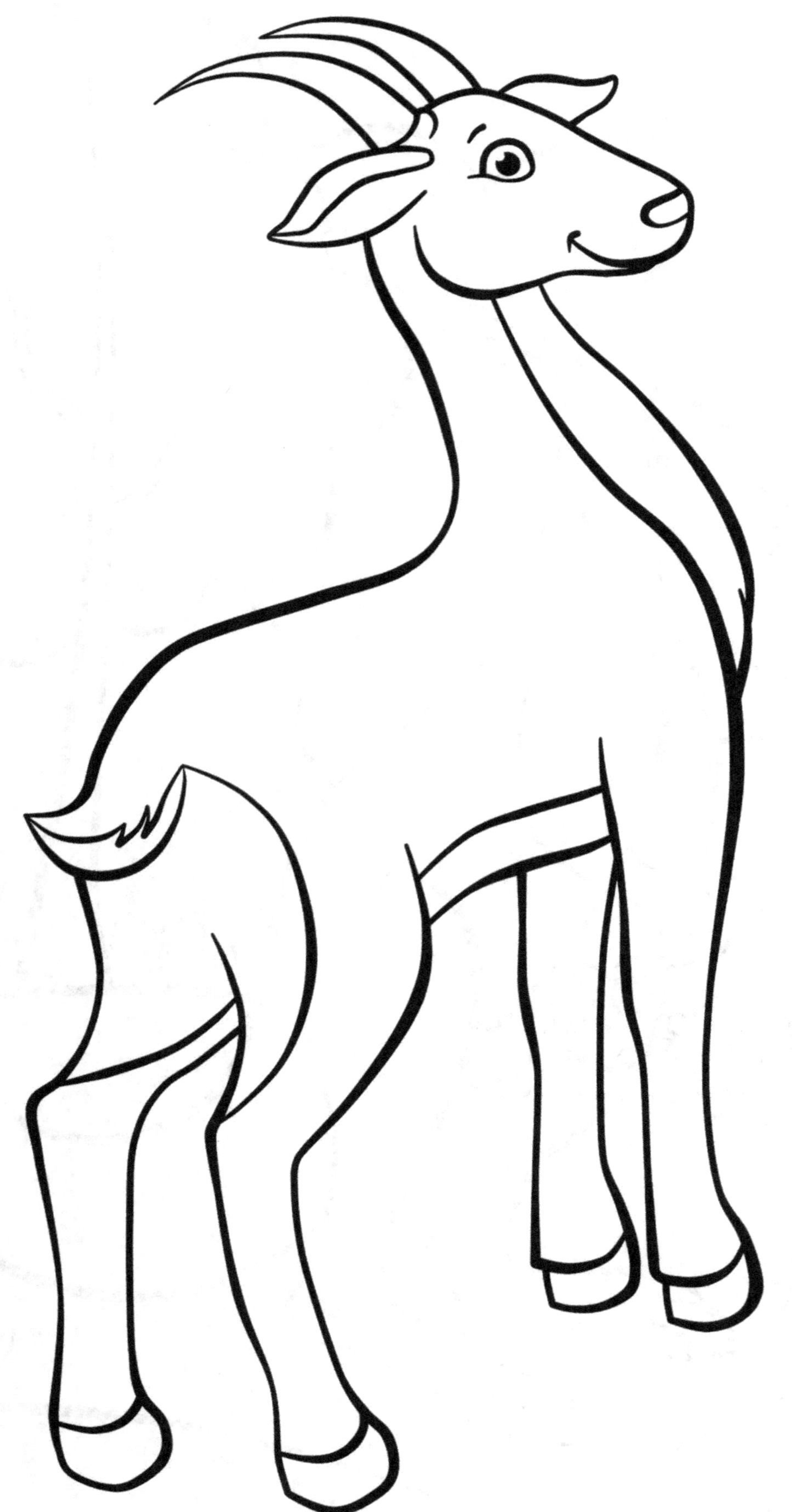

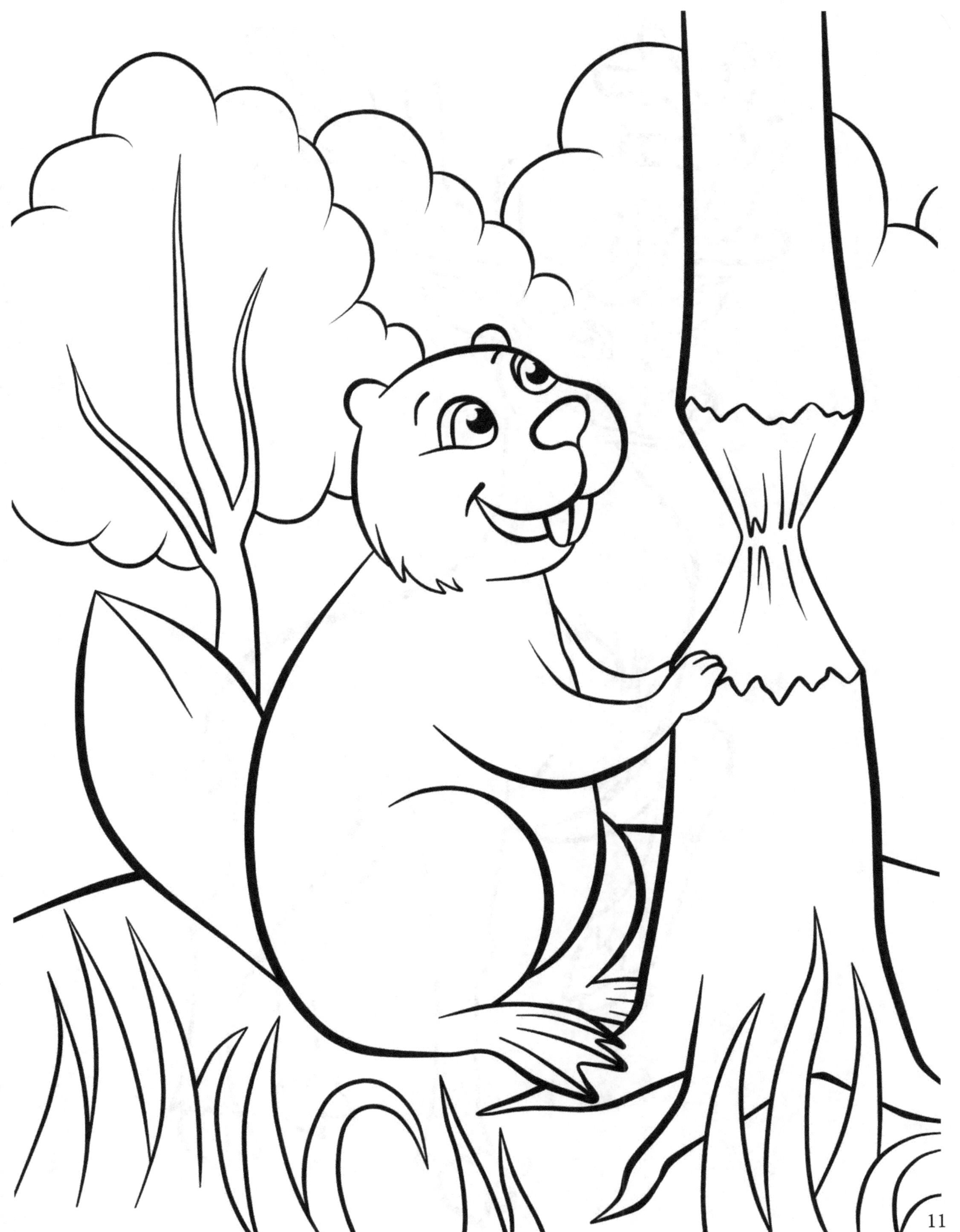

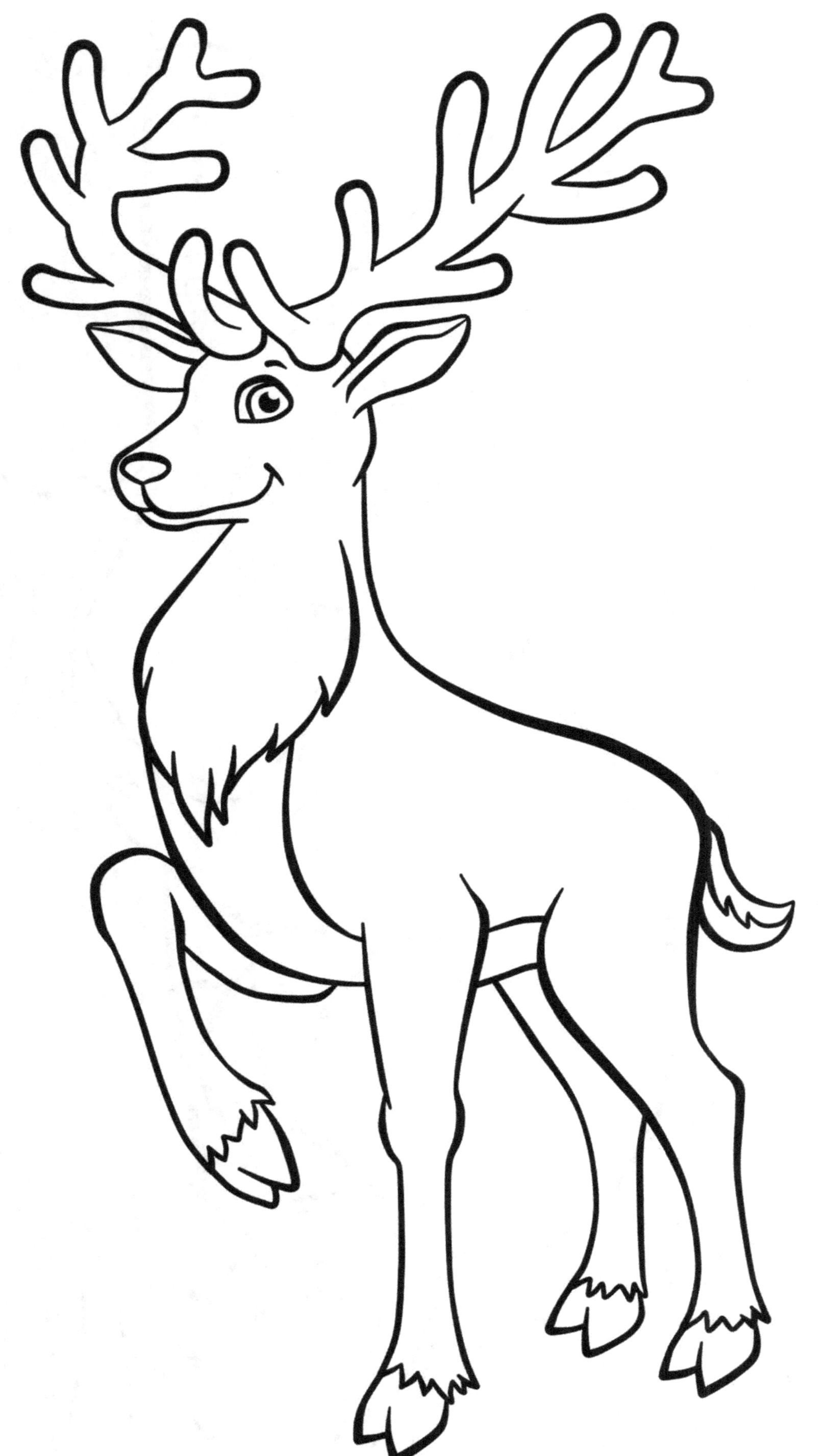

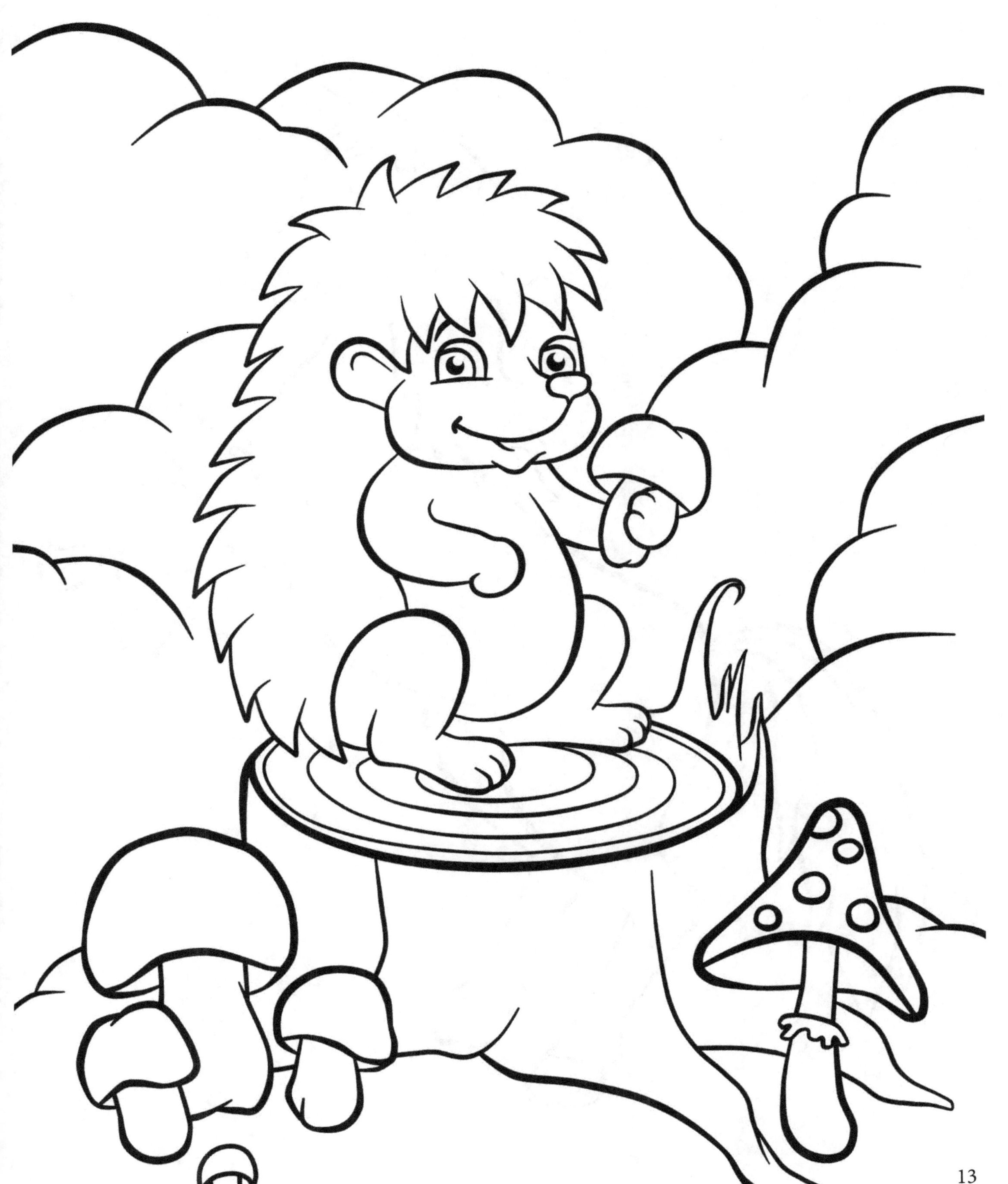

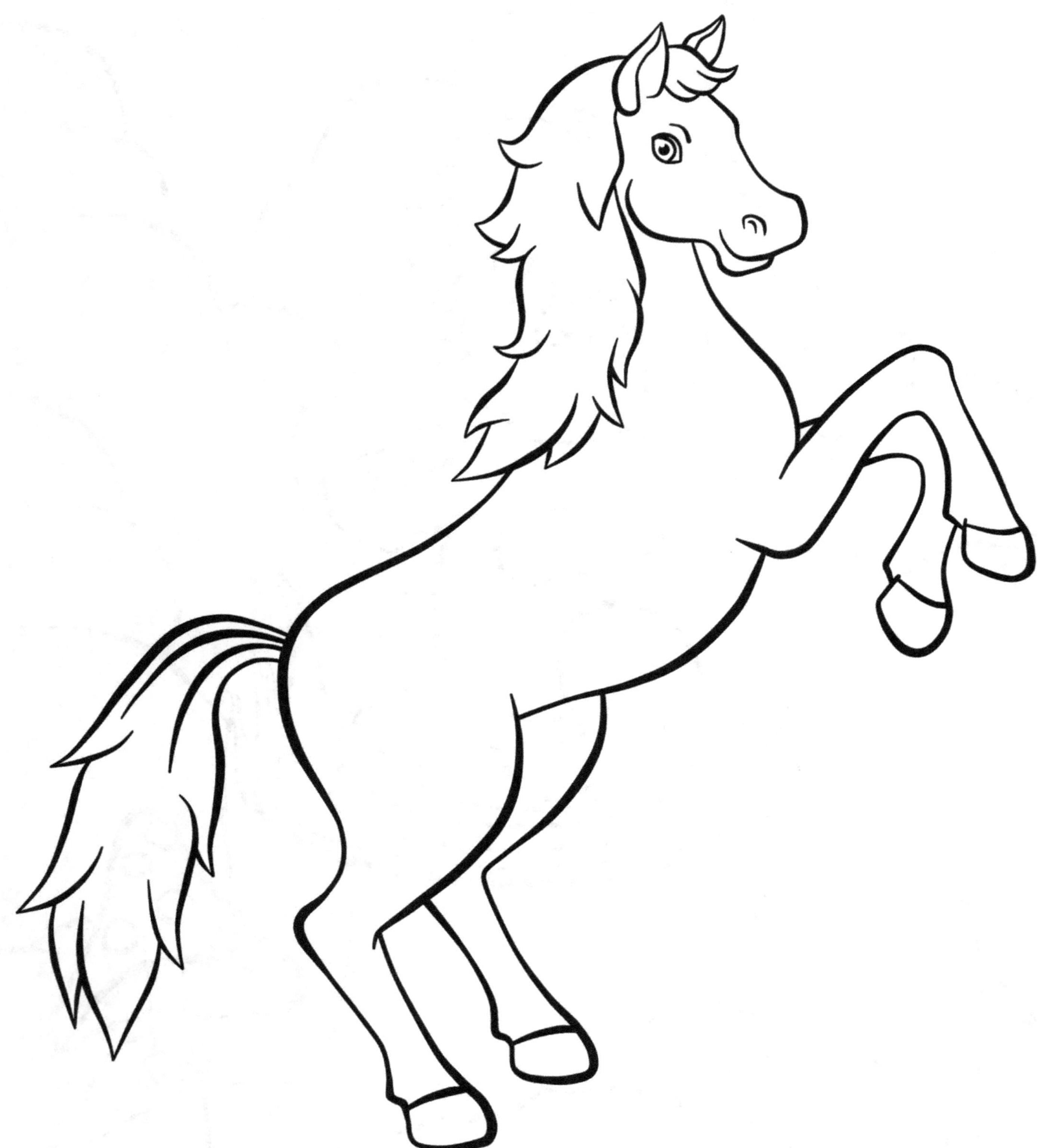

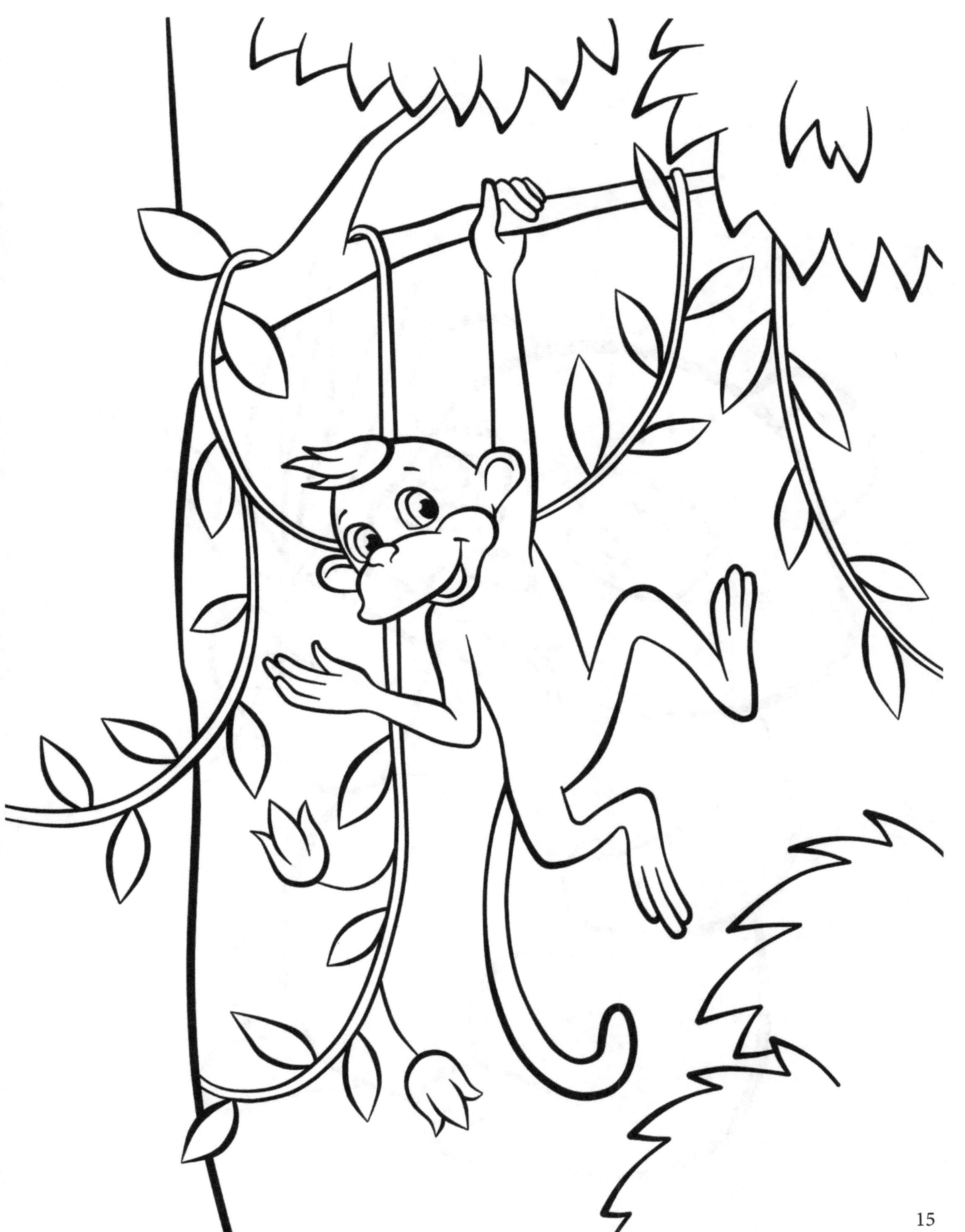

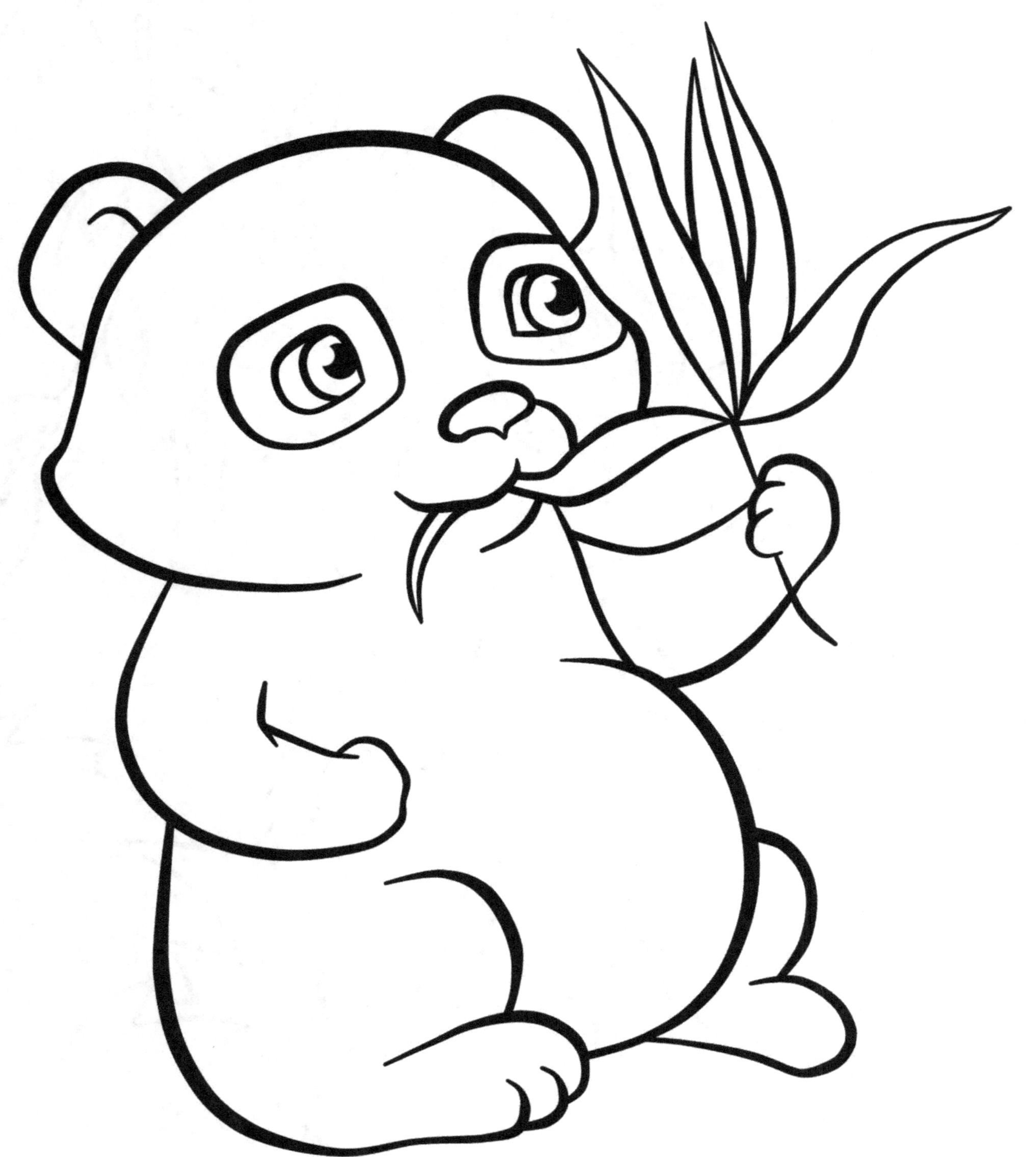

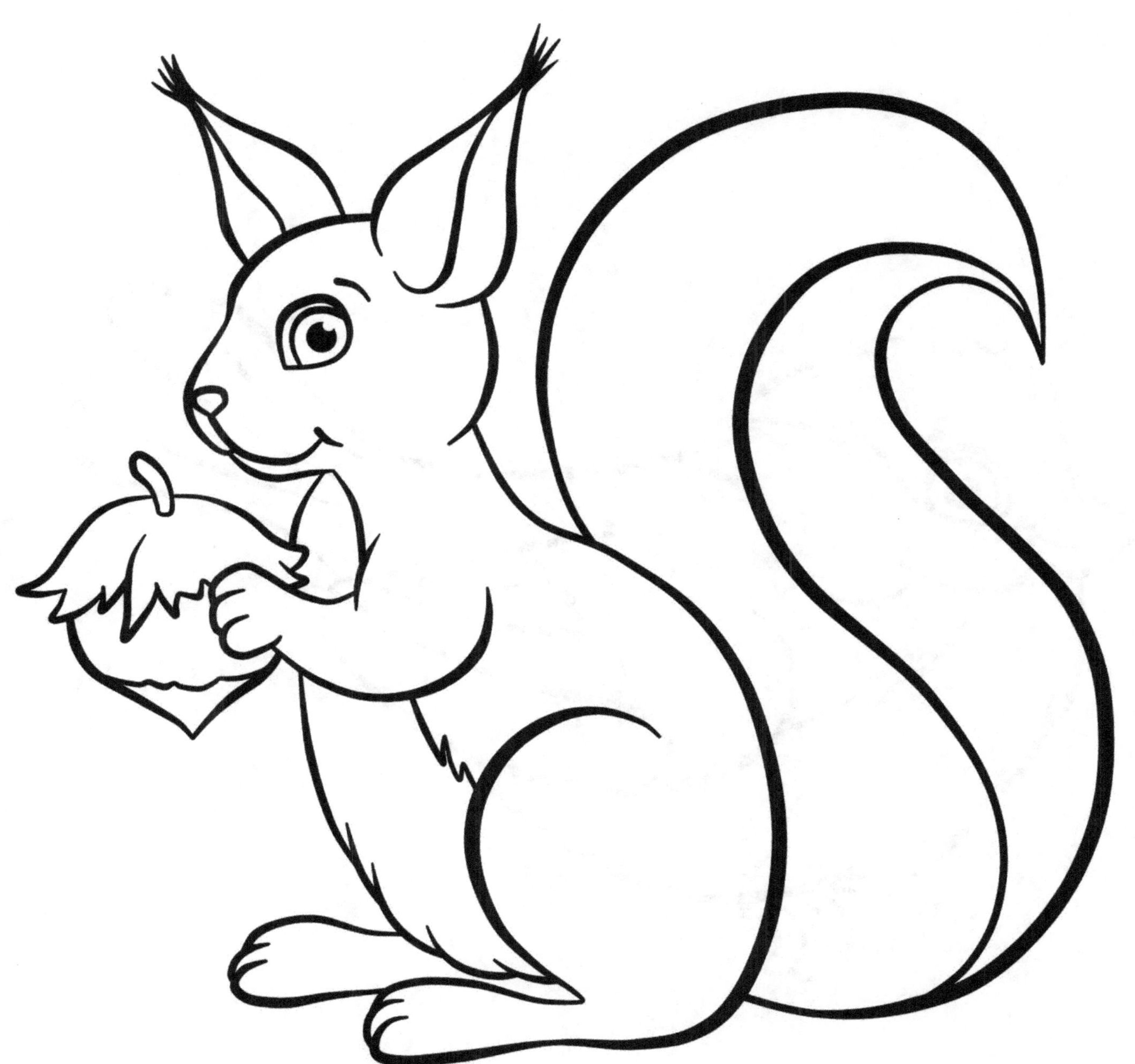

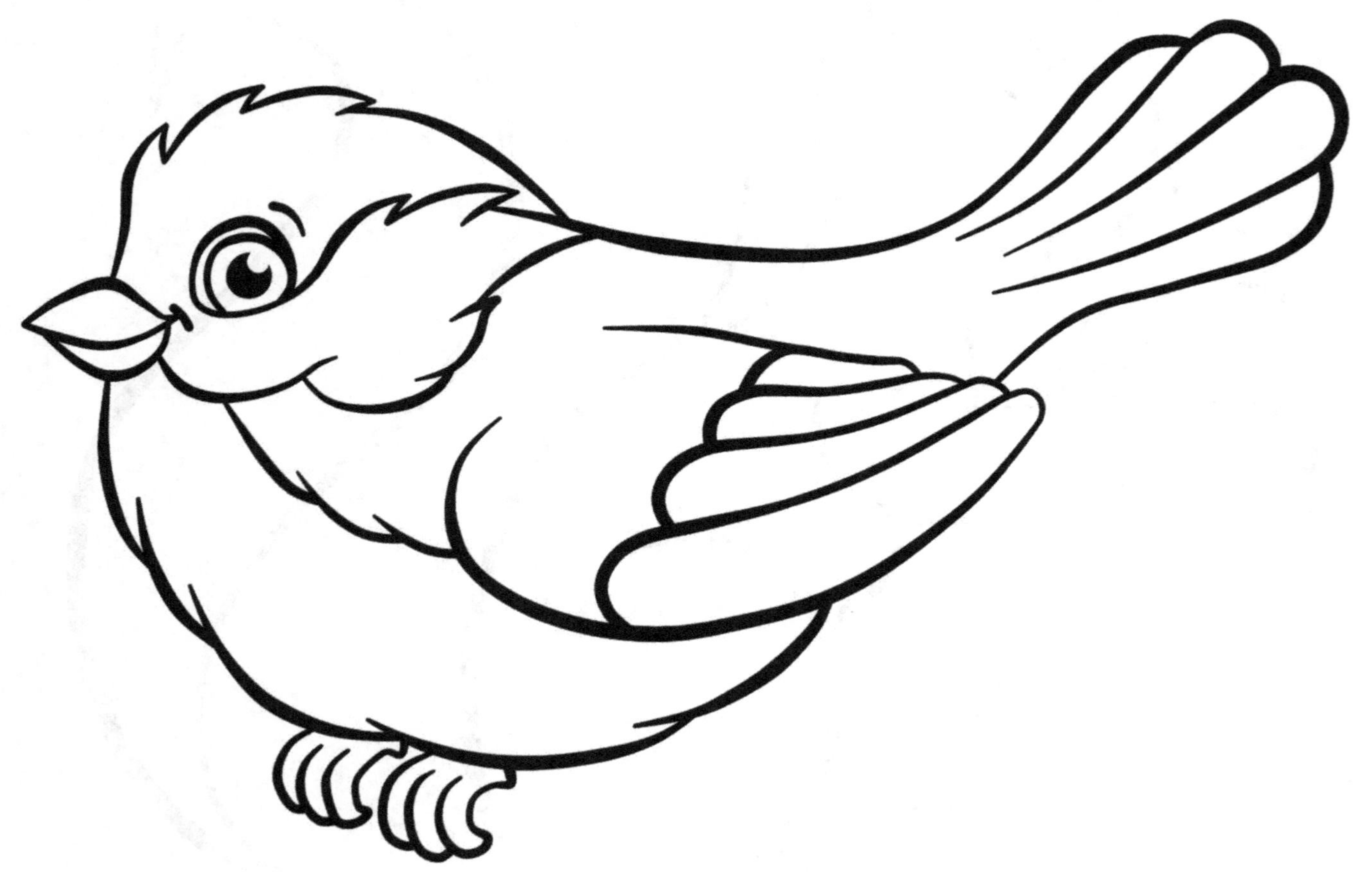

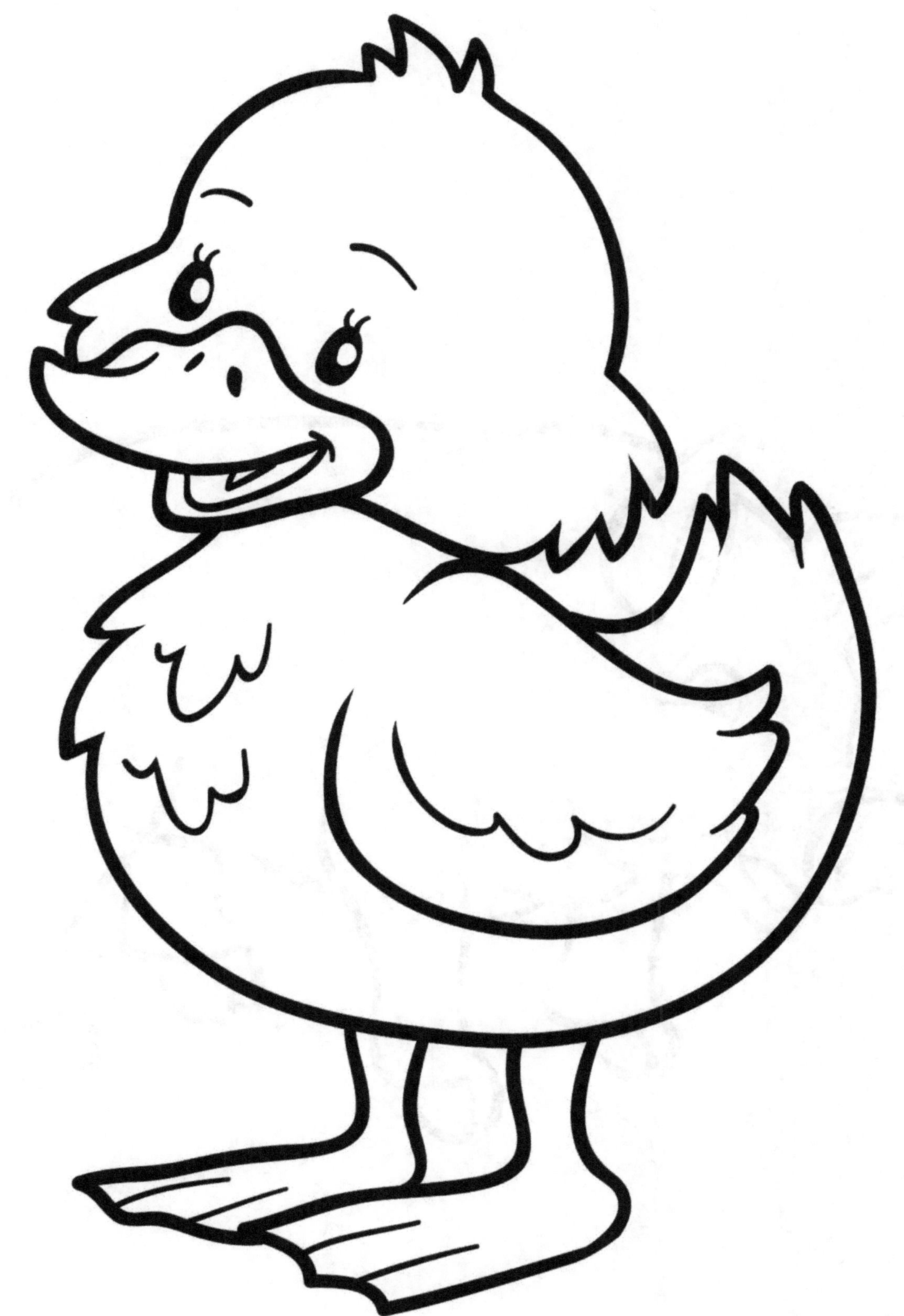

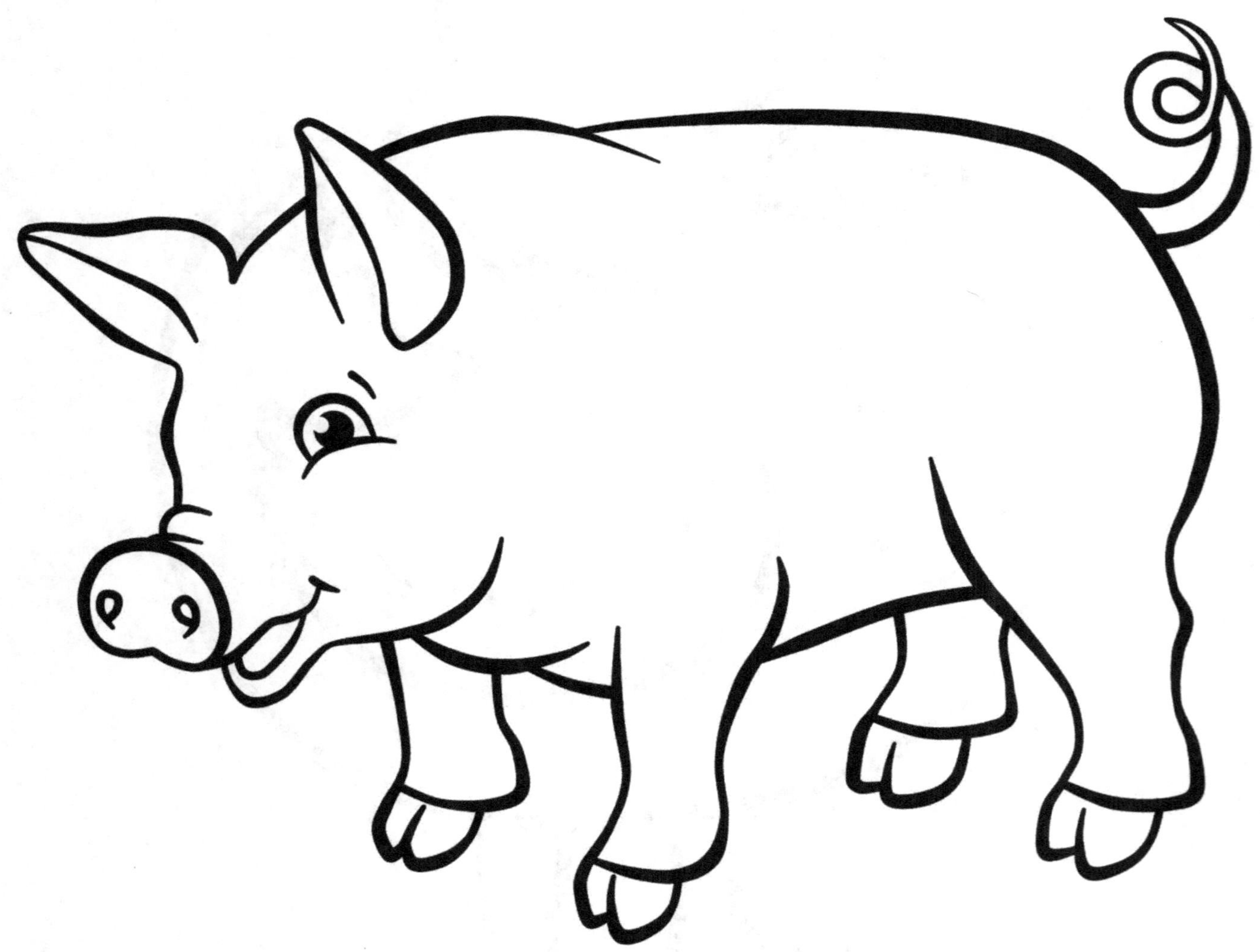

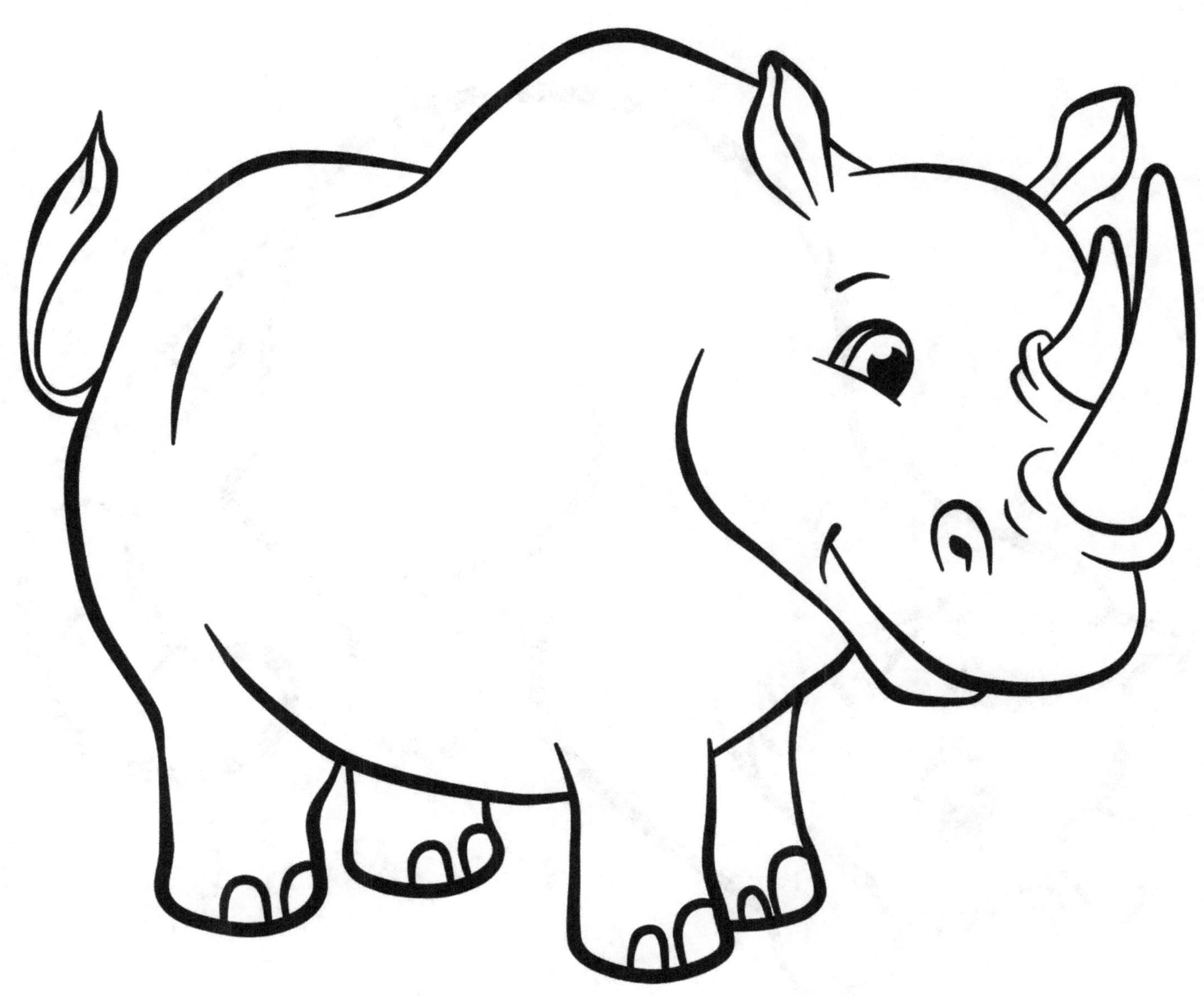

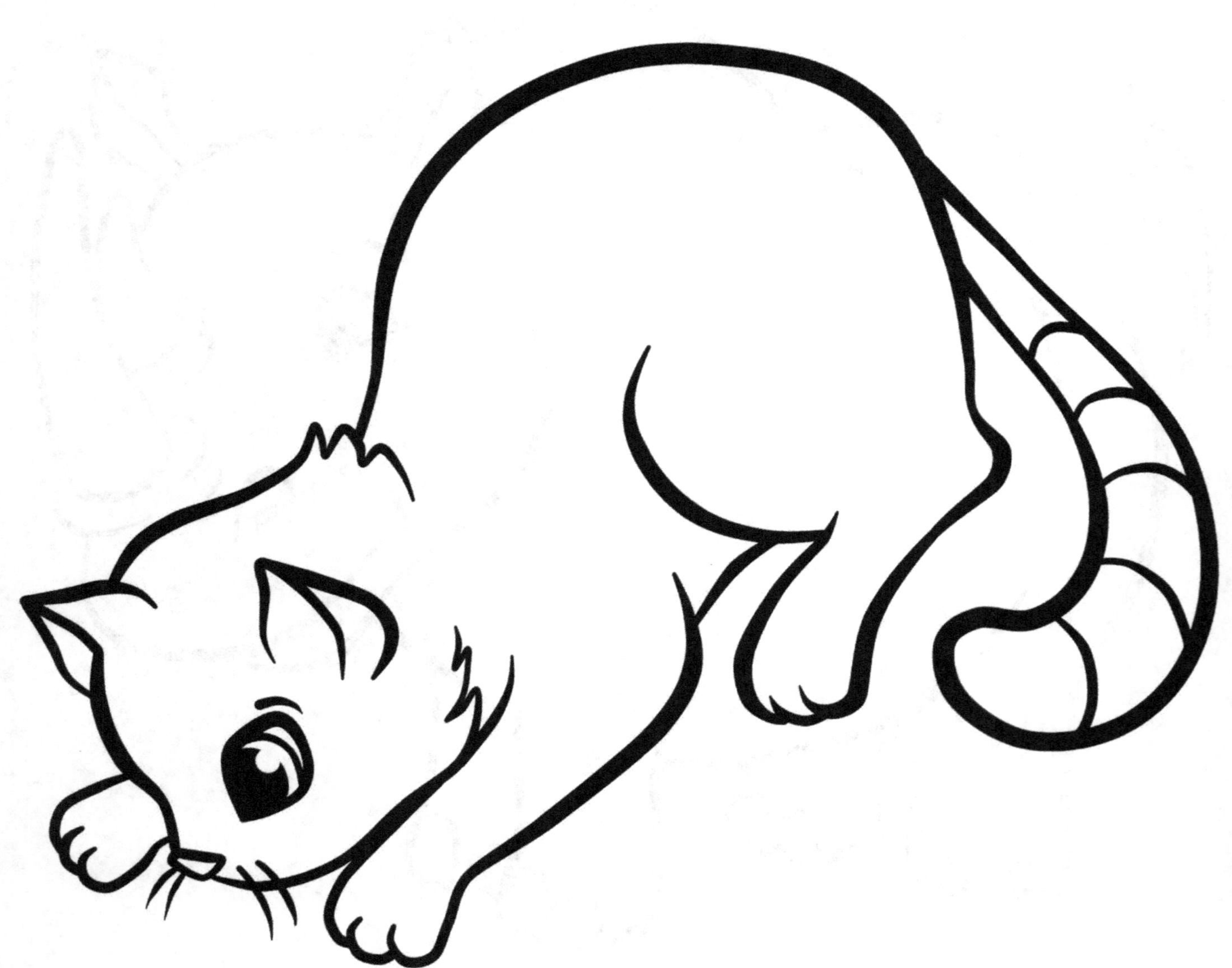

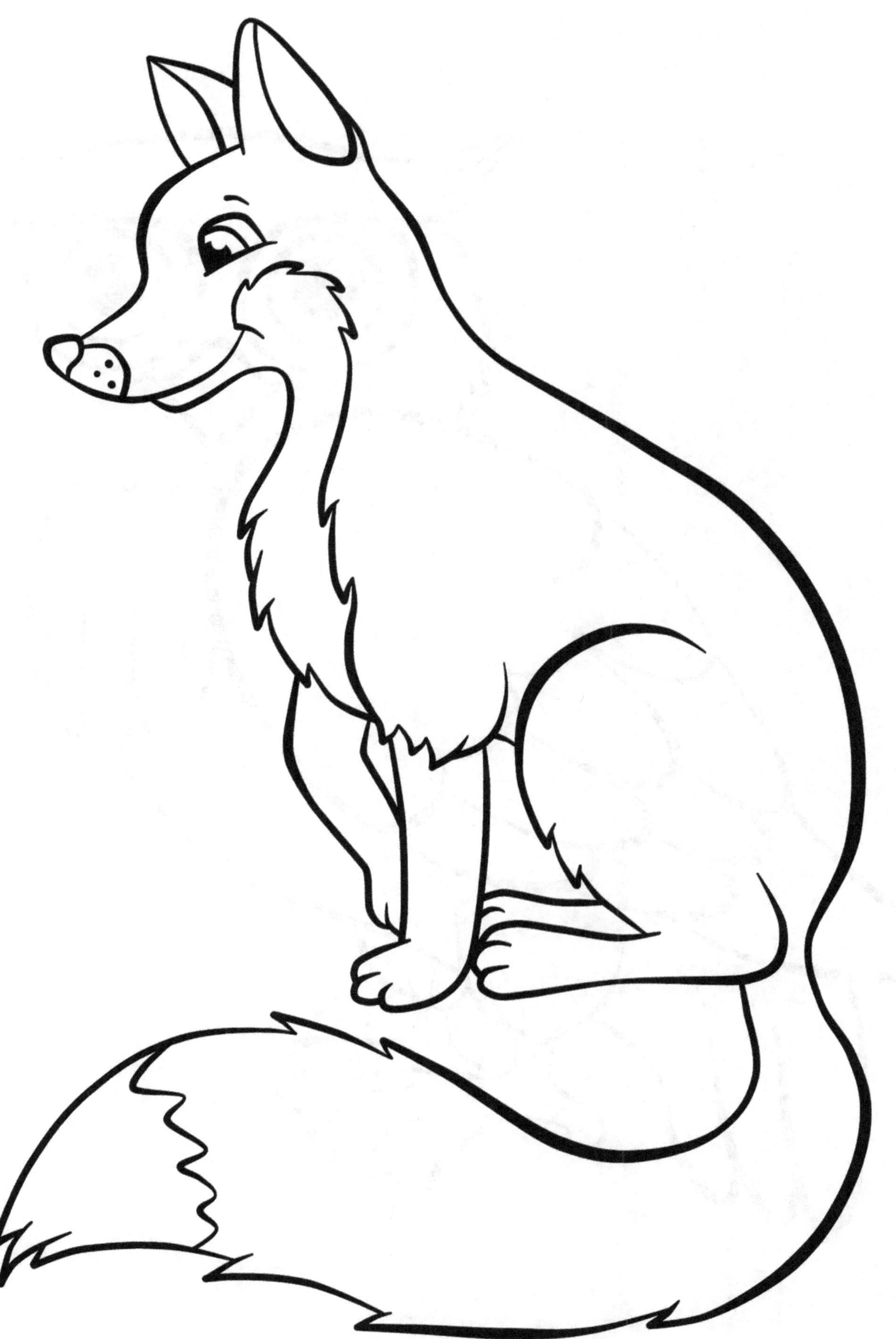

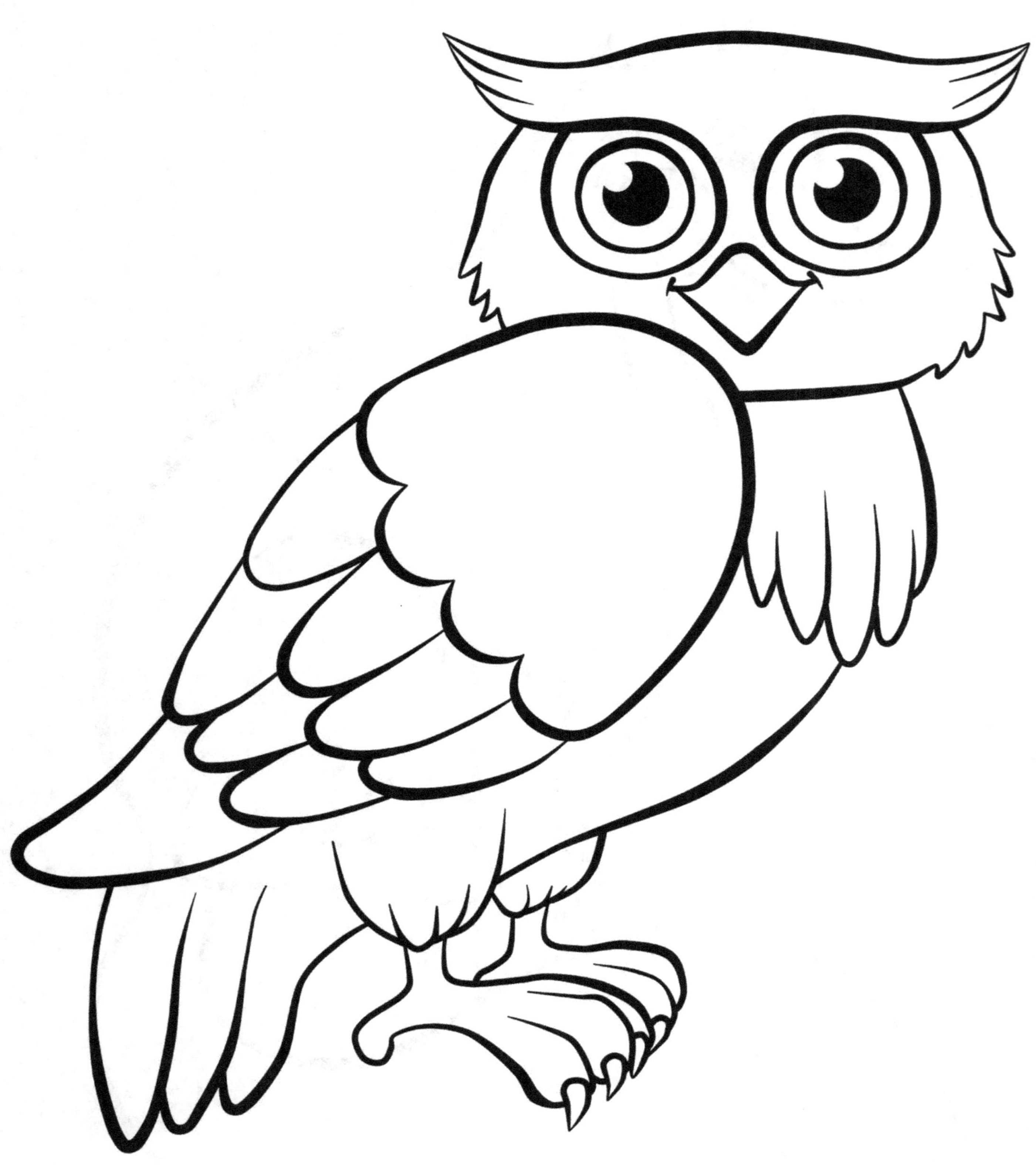

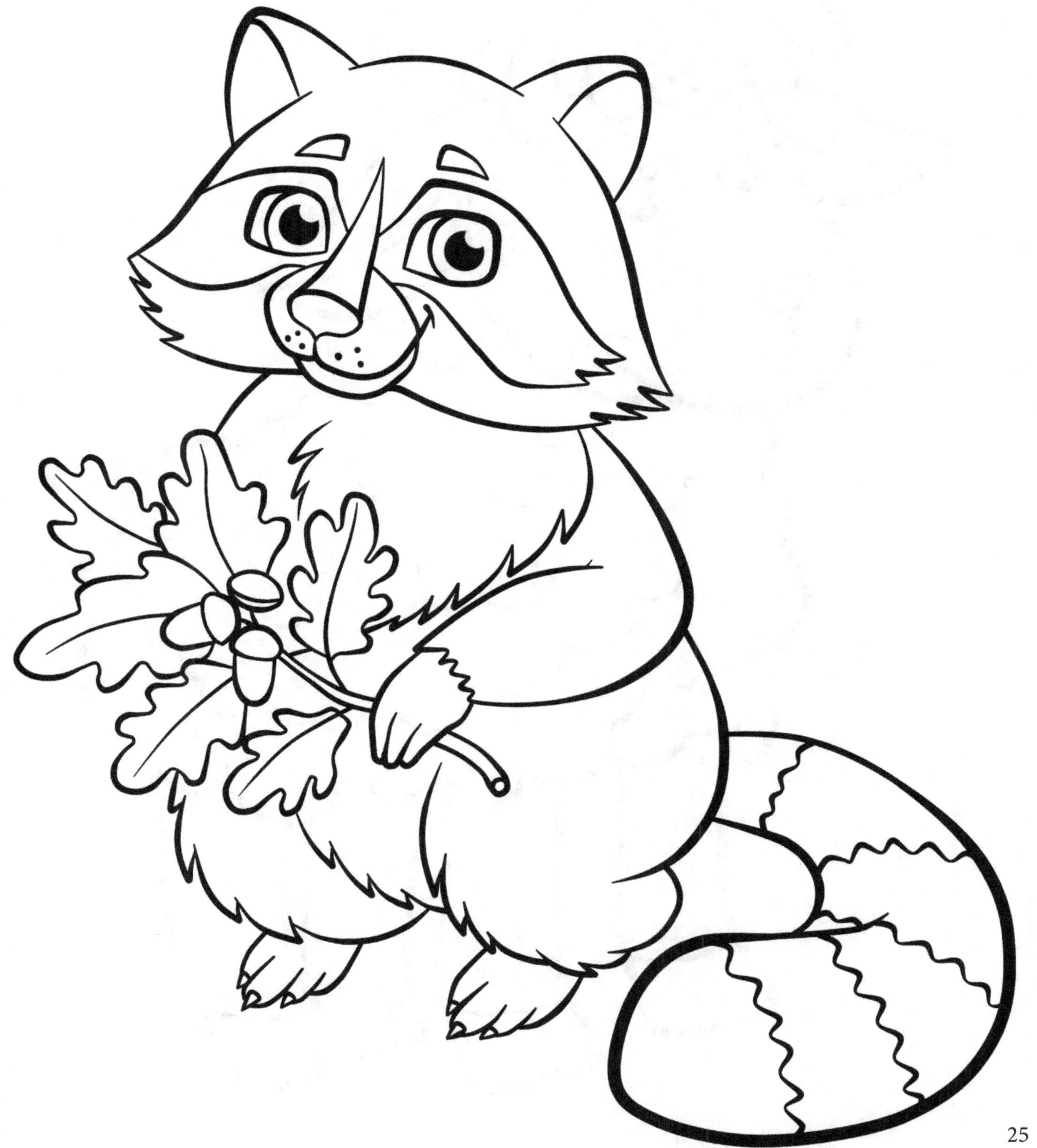

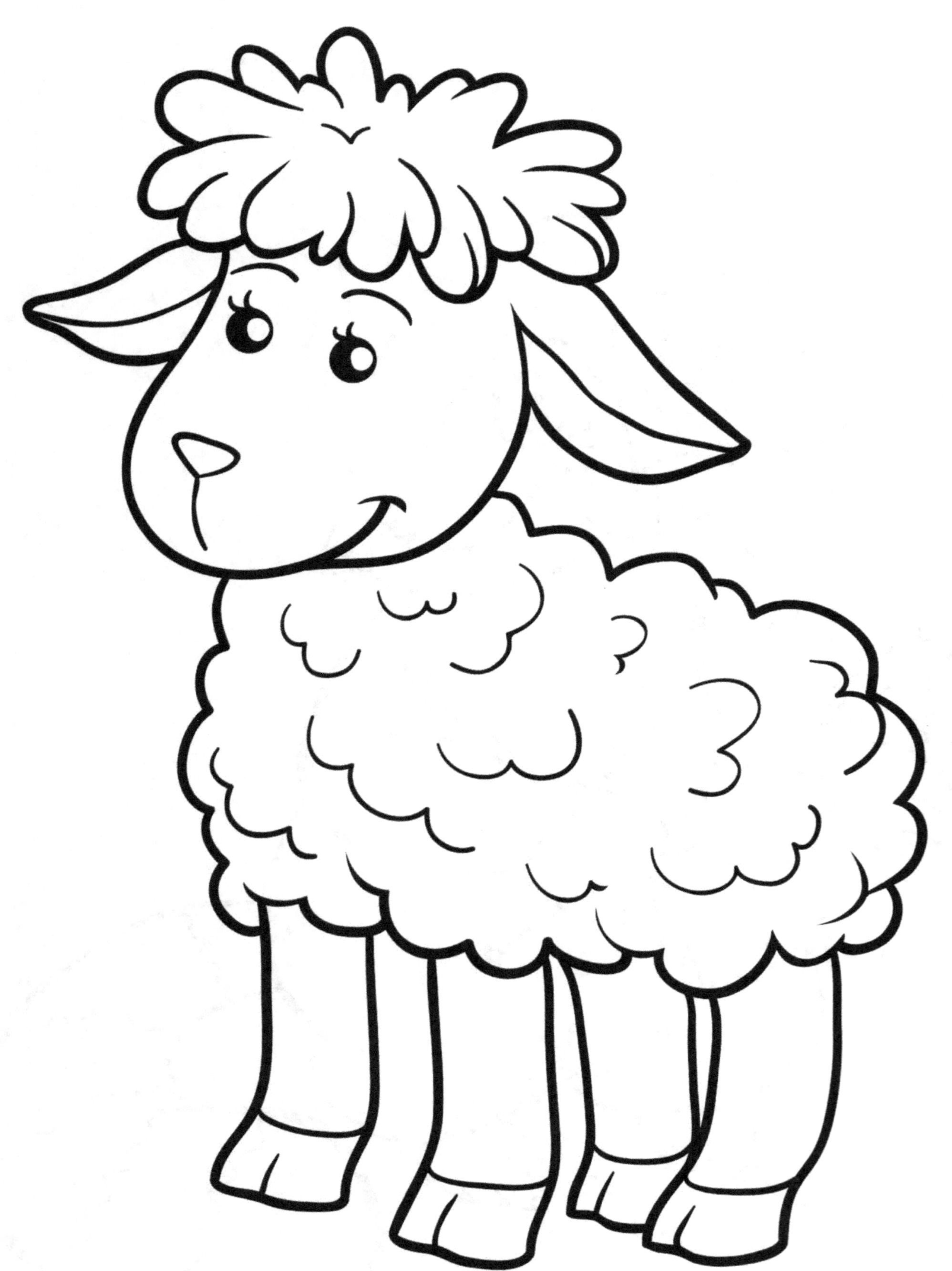

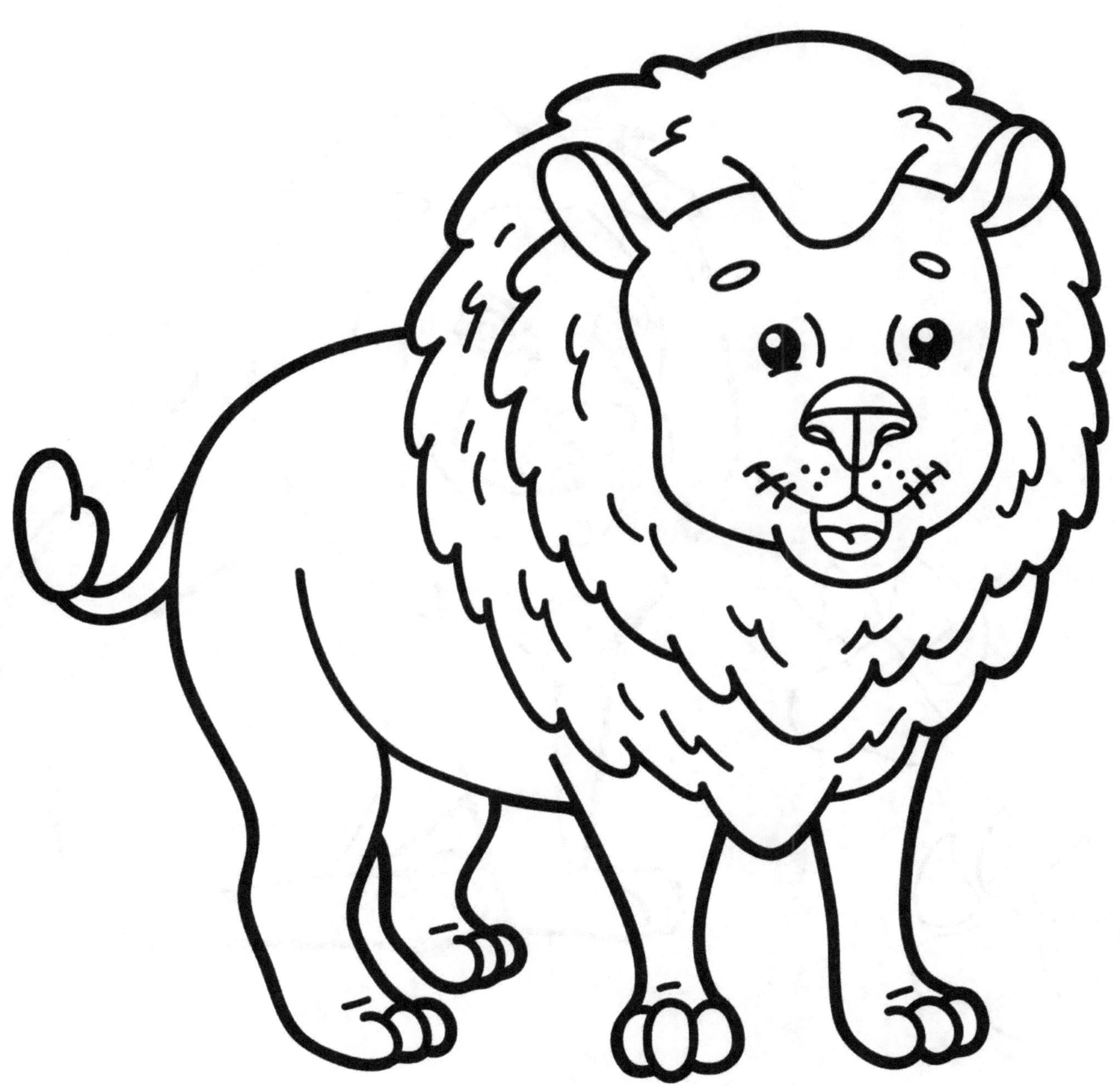

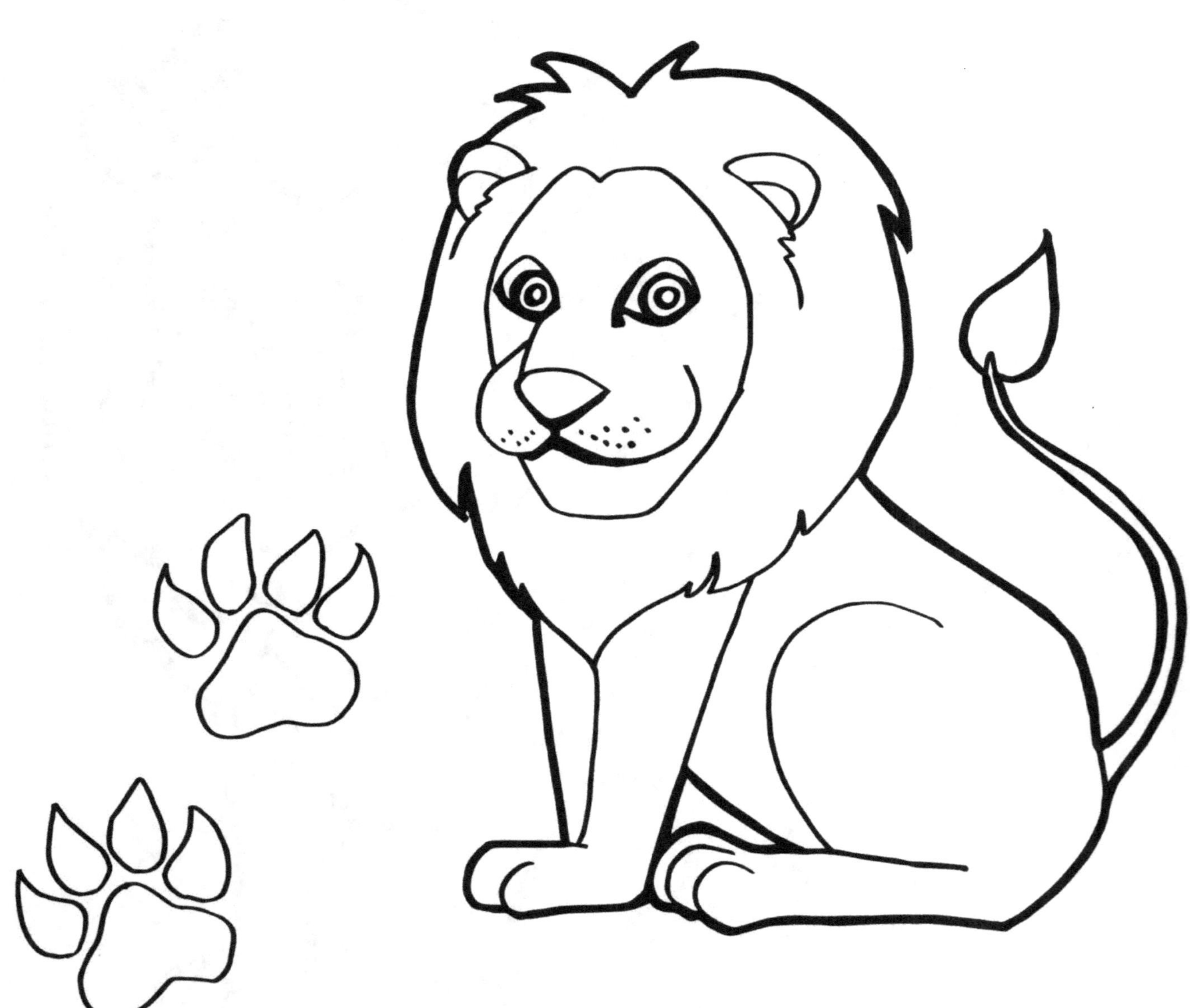

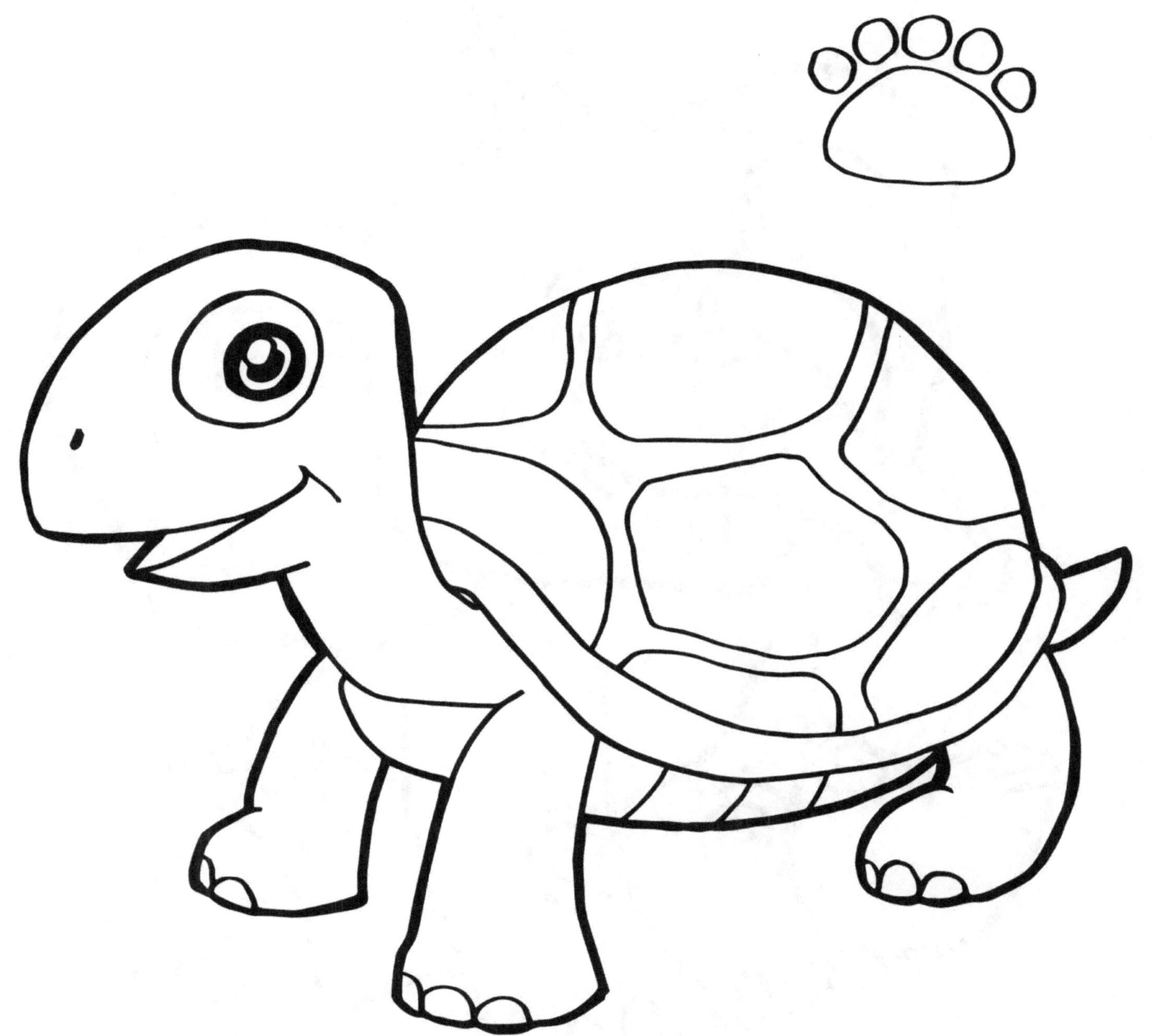

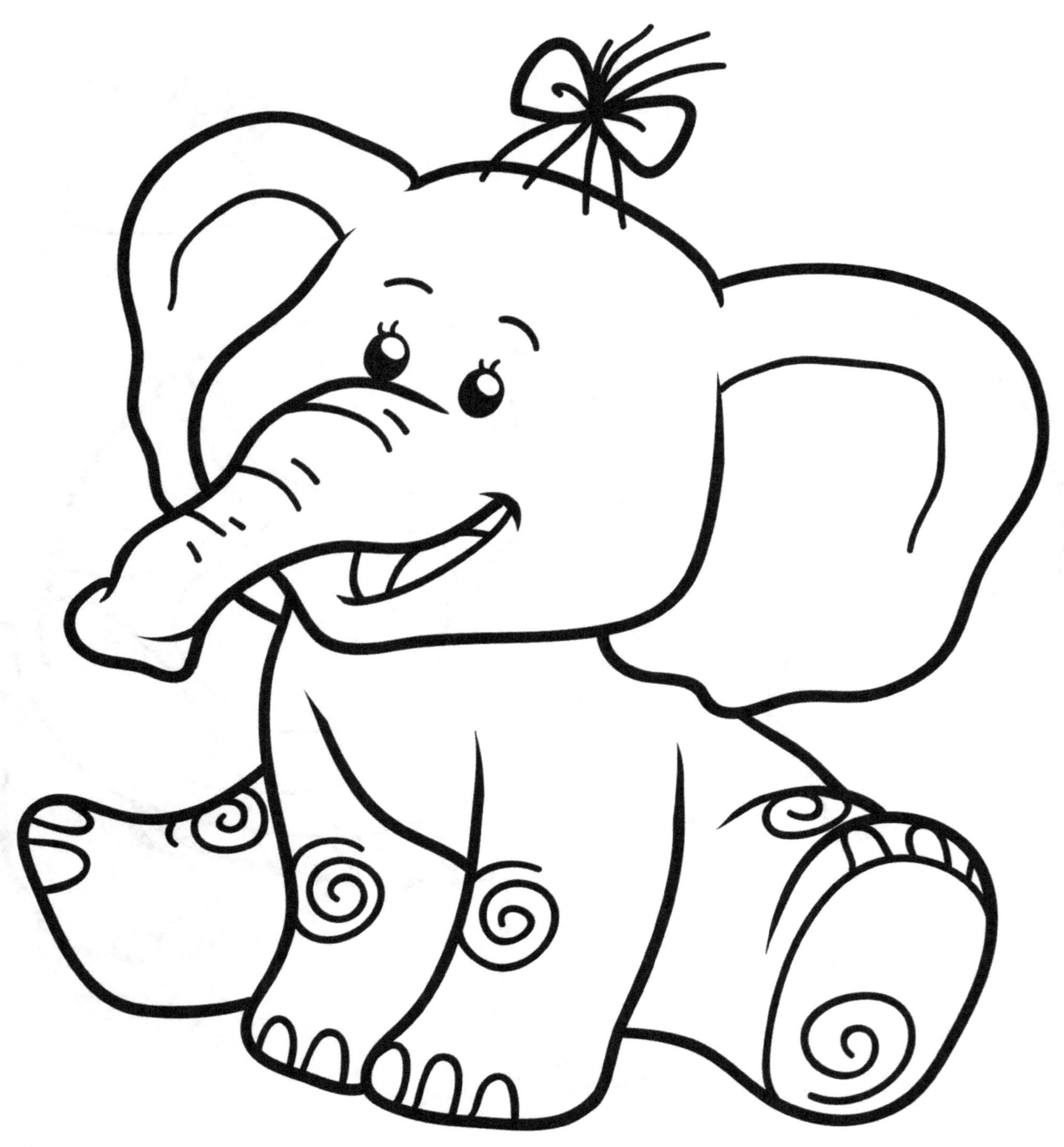

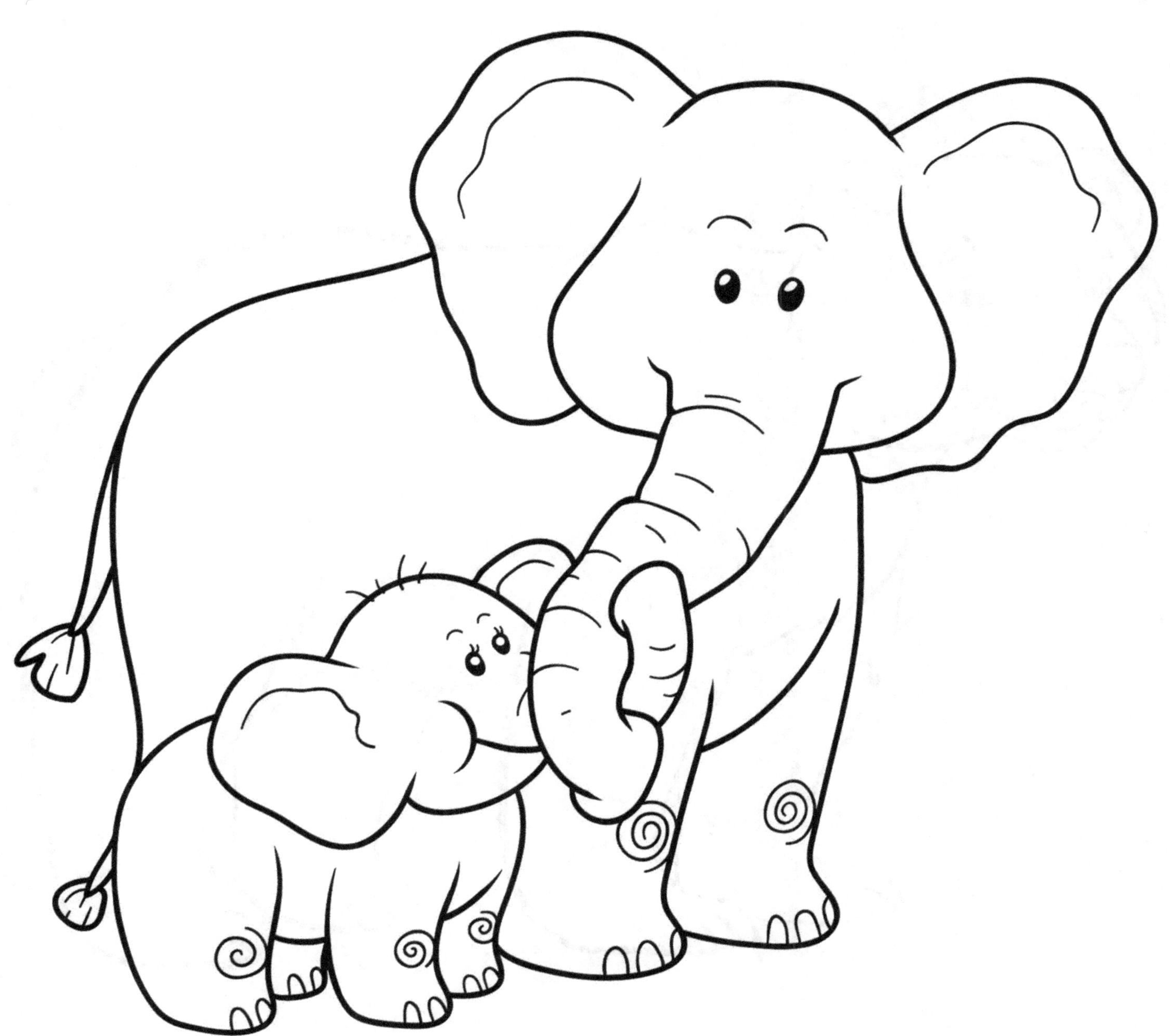

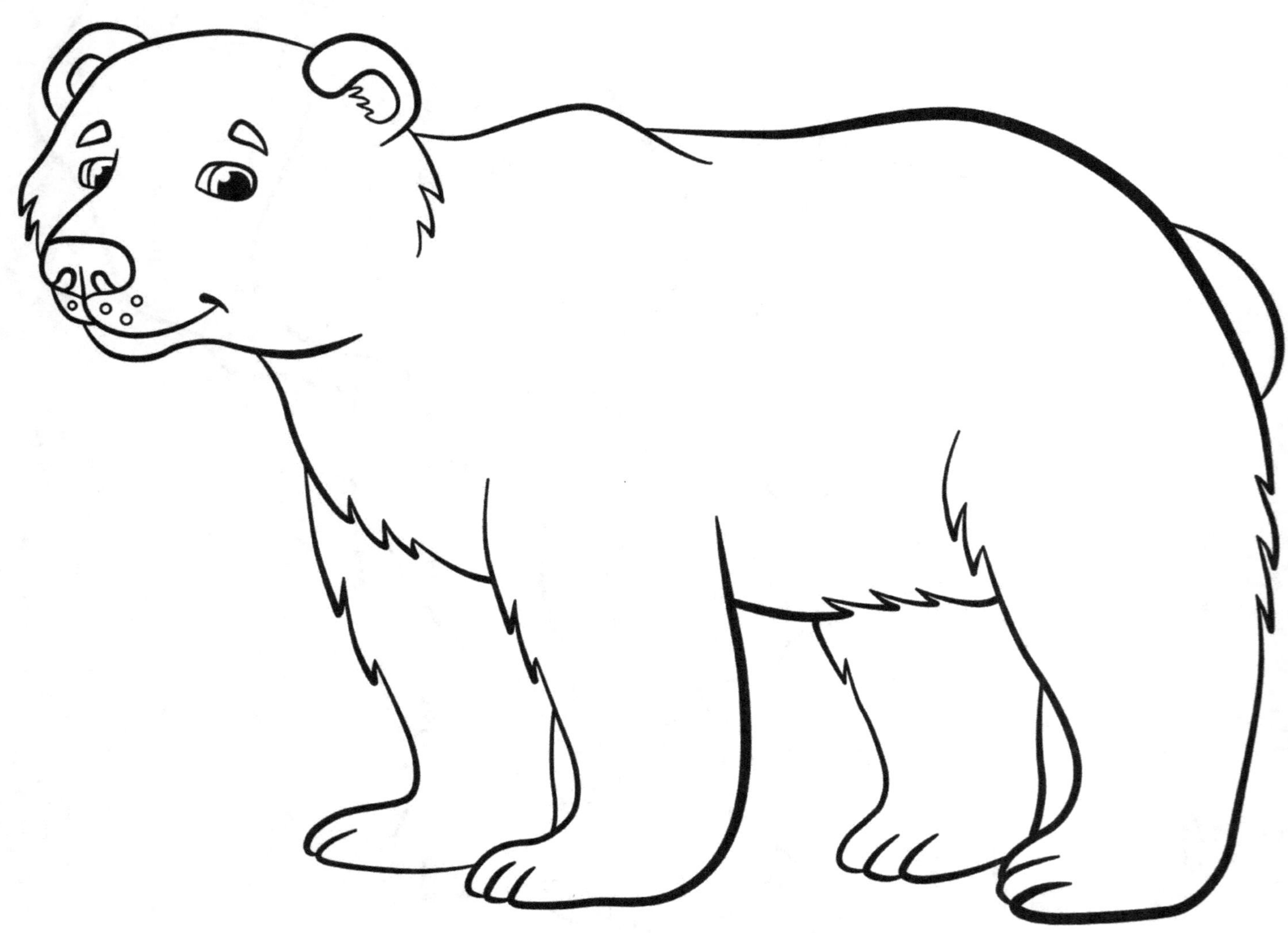